苏东坡：前生我已到杭州

司马一民 著

浙江教育出版社·杭州

序言

从唯美走向大众

凌　雁

司马一民先生的《白居易：与君约略说杭州》一书2022年1月上架后热销，他便念叨起杭州还有一位“市长”苏东坡，想出版一本与《白居易：与君约略说杭州》相似的书，连书名都已经想好了：《苏东坡：前生我已到杭州》。两本书的书名句式相似，都取自两位“市长”的诗句。司马一民先生说，他要用这种方式向受世代杭州百姓爱戴的两位“市长”表达敬意，同时要让更多的人了解两位“市长”丰富多彩的杭州岁月。我作为第一读者，应邀写几句读后感。

现在，宋韵文化非常热门，研究成果丰富，项目活动繁多。记得司马一民先生也写过一篇与宋韵文化相关的文章，题目是《苏东坡就是宋韵》。他在文章里这样论述：“苏东坡是中国文化史上的一座丰碑，不仅在诗、词、散文、书、画等方面成就斐然，更为难得的是他在各地执政时都政绩卓著，深受百姓爱戴。苏东坡的远见卓识、敢于担当、执政为民，是中国古代士人‘修身齐家治国平天下’的典范。苏东坡懂生活、热爱生活，又与百姓对美好生活的向往十分契合。如果要用一句话来概述苏东坡，我以为‘苏东坡就是宋韵’非常贴切。”这样的论述把宋韵具象化、标志化了，使得普通读者通过了解、认识苏东坡，从而更容易理解宋韵。

司马一民先生把对宋韵的理解融入了《苏东坡：前生我已到杭州》这本书中，通过解读苏东坡在杭州所写的和离开杭州后所写的与杭州相关的诗词，挖掘了诗词背后的故事，展示了苏东坡在杭州丰富多彩的人生经历。读者可以从《脚步轻快走新登》《田间竹林访於潜》等篇了解苏东坡为官的日常情形，从《桂花诗里传情谊》《吴山之上有美堂》等篇了解当时杭州官场的生态，从《醉酒牡丹插上头》《别样观感钱江潮》《十三楼里端午节》等篇了解宋代杭州人的生活情形，从《携手走过归隐桥》《望湖楼下水如天》等篇了解苏东坡与师友之间的情谊，从《隔空对诗林和靖》《婉约诗词存珍爱》等篇了解苏东坡的真性情，从《何时有诗说苏堤》《诗作菜谱东坡肉》等篇了解杭州人对苏东坡的喜爱……

司马一民先生以解读诗词作为切入方式，普及优秀的传统文化和杭州的历史文化，是让中华优秀传统文化走进读者心中的有效途径。近年来他的此类作品畅销就是实证。让中华优秀传统文化从古籍里走出来，让古诗词从唯美研究中走出来，面向大众、贴近大众、被大众接受，成为大众生活的一部分，这是非常有意义的事情。相信本书也一定会受到读者喜爱。

2022年11月18日

引言

苏东坡是宋韵的代表人物之一，在他身上集中体现了宋韵的方方面面。

苏东坡是中国古代文化史上的一座丰碑，不仅在诗、词、散文、书法、绘画等方面成就斐然，而且在各地执政时，尤其是在杭州任职期间，政绩卓著，深受百姓爱戴。

苏东坡在杭州所写的诗词中，最有名、传播最广的是《饮湖上初晴后雨二首》（其二）：

水光潋滟晴方好，
山色空蒙雨亦奇。
欲把西湖比西子，
淡妆浓抹总相宜。

因为此诗，西湖有了“西子湖”的美称。

苏东坡与杭州特别有缘。苏东坡初到杭州时写过《和张子野见寄三绝句·过旧游》：

前生我已到杭州，
到处长如到旧游。
更欲洞霄为隐吏，
一庵闲地且相留。

苏东坡初到杭州，四处走走看看，觉得如同旧地重游，又觉得自己好像前世在杭州生活过呢！他恨不得留在杭州做隐士，哪怕在这里修行也好啊！

苏东坡对杭州真是一见钟情，民间有许多关于他的传说。传说之一是，苏东坡在杭州时与朋友参寥游览寿星寺，苏东坡环顾四周说："我第一次来此，却如同旧地重游，从这里到忏堂，应有九十二级阶梯。"参寥叫人去数，果真如此。苏东坡说："我前世在此修行。"笃信佛教的苏东坡就此写出了"前生我已到杭州"的诗句。

古代诗人们喜欢用诗词纪事，办了一件事儿、到访一个地方、观看某处风景、与友人聚会等，都会留下诗篇，就像我们现在遇事喜欢拍照发朋友圈一样，苏东坡也乐此不疲。古诗词是有别于正史的丰富的历史文化宝藏。苏东坡在杭州留下了大量的诗词，离开杭州以后还写了不少与杭州有关的诗词，本书通过挖掘这些诗词中蕴藏着的苏东坡在杭州的故事，让读者得以多角度地了解苏东坡。苏东坡的生平及其各方面的成就，特别是他的诗词，千百年来已有众多研究成果，而本书只是杭州历史文化中有关苏东坡诗词解读的普及读本。

为了方便读者阅读，这里简单介绍一下苏东坡的生平：

苏轼（1037—1101年），字子瞻，号东坡居士，眉州眉山（今四川眉山）人，嘉祐二年（1057年）进士。宋神宗时苏东坡先后在凤翔（今属陕西）、杭州、密州（今山东诸城）、徐州（今属江苏）、湖州（今属浙江）等地任职。元丰三年（1080年），他因“乌台诗案”被贬为黄州（今湖北黄冈）团练副使。宋哲宗即位后，苏东坡曾任翰林学士、侍读学士、礼部尚书等职，并先后出知杭州、颍州（今安徽阜阳）、扬州（今属江苏）、定州（今属河北）等地，晚年因党争被贬惠州（今属广东）、儋州（今属海南）。宋徽宗时，苏东坡获大赦北还，途中病逝于常州（今属江苏），宋高宗时追赠太师，宋孝宗时追谥“文忠”。

苏东坡两度到杭州为官。

宋神宗熙宁四年（1071年），苏东坡上书谈论新法弊端，因而得罪王安石，便请求出京任职，被授为杭州通判。

宋哲宗元祐四年（1089年），苏东坡任龙图阁学士，赴杭州做知州。时逢杭州大旱，饥馑瘟疫共生。苏东坡向朝廷请求减免“本路上供米三之一”，又请求朝廷赐给度牒（僧尼的官方凭证），将度牒换成大米救济百姓。苏东坡还拿出自己积蓄的五十两俸银，在众安桥办起病坊，收治有病的百姓。苏东坡修复六井，疏浚西湖，并把挖出来的淤泥在西湖中修筑长堤以方便人们来往于西湖南北岸，在堤上种植芙蓉、杨柳，使之成为一道景观。后世就把这道长堤称为“苏公堤”，简称“苏堤”。

目录

记趣

桂花诗里传情谊

金秋十月的杭州是让人陶醉的，你早晨起来一推开窗，桂香就扑面而来。你在街上行走，随处可见桂花挂在枝头，满城尽闻桂花香。

桂花被确定为杭州的市花，是在20世纪80年代。1983年7月，杭州市第六届人大常委会第九次会议决定，将桂花确定为杭州的市花。近40年来，杭州全市遍植桂树，每逢金秋时节，金桂、银桂、丹桂相继盛开，满城桂花飘香。可以毫不夸张地说，在这个桂花季，杭州市民都能够在自己家门口享受醉人心神的金秋桂香。

桂花又名木樨、岩桂，系木樨科常绿灌木或小乔木，在杭州已经有近千年的栽培历史。早在南宋时期，满觉陇已经大片种植桂花，形成了一定的规模。《咸淳临安志》载："桂，满觉陇独盛。"满觉陇的桂花很可能与杭州的许多种美食有关，比如桂花糕、桂花酒、糖桂花、桂花蜜藕。

除了“桂香袭人”“桂香入口”的佳话，杭州还流传着许多“桂花故事”，这里就说说苏东坡与桂花的故事吧。

在900多年前的杭州桂花季，身为杭州通判的苏东坡收到了上天竺寺僧人送来的桂花，他没有独享，分赠给他的朋友杨元素。

唐宋时期，杭州城里的桂花树不多，寺庙里倒有不少。这从诗人们的诗里可以看出来：唐代诗人宋之问的《灵隐寺》中有“桂子月中落，天香云外飘”；白居易的《忆江南》中有“山寺月中寻桂子，郡亭枕上看潮头”；白居易的《寄韬光禅师》中有“遥想吾师行道处，天香桂子落纷纷”；苏东坡有《八月十七日天竺山送桂花分赠元素》……

《八月十七日天竺山送桂花分赠元素》是苏东坡在送杨元素桂花时所附的一首诗。文人雅士就是与众不同，即使是一些随性小事，也会习惯性地呈现出风雅之致。于是，一首名诗伴随一段佳话流传至今。

八月十七日天竺山送桂花分赠元素

月缺霜浓细蕊干，
此花元属玉堂仙。
鹫峰子落惊前夜，
蟾窟枝空记昔年。
破裓山僧怜耿介，
练裙溪女斗清妍。
愿公采撷纫幽佩，
莫遣孤芳老涧边。

杨元素，即杨绘（1032—1116年），字元素，号先白，汉州绵竹（今属四川）人，曾任御史中丞等职，时任杭州知州，是苏东坡的顶头上司。

“月缺”，表明已过仲秋。因八月十七日得到天竺山送来的桂花，距十五已过两日，所以说“月缺”。“霜浓细蕊干”，是指霜降时节收到的桂花因摘下好几天了，已失去了部分水分。宋时，从天竺山到杭州城里，要下山行路至茅家埠，乘船到涌金门或清波门上岸再进城，不大方便，且需要一两天时间，所以会导致“细蕊干”。

“此花元属玉堂仙”，从字面看是称赞桂花的超俗，不比寻常，其实是用桂花暗喻苏、杨二人。“玉堂仙”是翰林学士的别称，苏东坡和杨元素都曾是翰林学士。折桂指的是登科，苏东坡以传说与典故来述说他和杨元素当年进士及第，即“蟾宫折桂”，在此转用为“蟾窟枝空”。二人作为君子、雅人，曾蟾宫折桂，一定是桂花的知音。故此诗也可能暗指杨元素的一些政治见解与苏东坡相同。苏东坡和杨元素都与当朝宰相王安石的政见不同，都被贬出京城，相同的政治见解、相同的境遇、类似的艺术品位加深了他们的情谊。苏东坡所写的这首咏桂花诗，描绘了桂花的形态和品格，同时以花酬知音。

熙宁七年（1074年）七月，杨元素接替陈襄为杭州知州。九月，苏东坡由杭州通判调为密州知州，杨元素在西湖上为苏东坡设宴饯别，苏东坡作《南乡子·和杨元素，时移守密州》，与杨元素告别。

南乡子·和杨元素，时移守密州

东武望余杭，云海天涯两渺茫。何日功成名遂了，还乡，醉笑陪公三万场。

不用诉离觞，痛饮从来别有肠。今夜送归灯火冷，河塘，堕泪羊公却姓杨。

此词的大意为："东武（时属密州）和余杭两地遥遥相望，云海茫茫，如同远隔天涯。不知什么时候才能功成名就，身退还乡，到那时我与你谈笑醉酒三万场。我们不必用酒来诉说离情别绪，痛快的饮宴从来都是另有缘由的。今夜掌灯送你归去，走过河塘，恍惚间见你杨元素宛如别离时落泪的羊祜。"

字里行间都是情。

天竺山，佛教名山，有著名三寺，通称上天竺寺、中天竺寺、下天竺寺，均系杭州古代名刹。下天竺寺创建最早，距今已有1660多年，创建最晚的上天竺寺也有千年历史。清乾隆皇帝将三寺分别命名为"法喜讲寺""法净禅寺""法镜讲寺"，并亲题寺额。苏东坡在杭州为官时与上天竺寺、孤山寺等僧人多有来往，有诗文唱和，留下《雨中游天竺灵感观音院》等诗篇。很可能，这些桂花是上天竺寺的僧人派人送给苏东坡的。

法喜讲寺内景

醉酒牡丹插上头

不只是“洛阳牡丹天下闻”，在宋代，杭州的牡丹也是天下闻名。苏东坡有一篇文章《牡丹记叙》，记录了当年杭州官民同赏牡丹的盛事。

牡丹记叙（节选）

熙宁五年三月二十三日，余从太守沈公观花于吉祥寺僧守璘之圃。圃中花千本，其品以百数。酒酣乐作，州人大集，金盘彩篮以献于坐者，五十有三人。饮酒乐甚，素不饮者皆醉。自舆台皂隶皆插花以从，观者数万人。明日，公出所集《牡丹记》十卷以示客，凡牡丹之见于传记与栽植培养剥治之方，古今咏歌诗赋，下至怪奇小说皆在。余既观花之极盛，与州人共游之乐，又得观此书之精究博备，以为三者皆可纪，而公又求余文以冠于篇。

盖此花见重于世三百余年，穷妖极丽，以擅天下之观美，而近岁尤复变态百出，务为新奇以追逐时好者，不可胜纪。此草木之智巧便佞者也。

这篇文章记录了杭州近一千年前的牡丹花会的盛况。州府官员到场，百姓踊跃参与，赏花、饮酒、作乐，从官府中地位最低的小吏起，个个头上簪着花，花会现场居然有数万人。如此壮观的场面，完全可以与如今在杭州举办的各种花展相媲美。

在这次牡丹花会上，杭州知州沈立举行了他的新书《牡丹记》的“首发式”。这本书有十卷，包括传记、栽植技法，以及古今有关牡丹的歌咏诗赋和小说、笔记等，内容十分丰富，苏东坡应邀为这本书写了序。

苏东坡在此文中所说的吉祥寺在哪里呢？

吉祥寺如今早已湮没，原址大约在今杭州仙林苑小区。《武林梵志》记载：“吉祥律寺，在仁和县之安国坊。宋乾德三年，睦州刺史薛温舍地为寺，立今额。治平二年，改曰广福。……旧传其地多牡丹……”宋室南渡后，把这一带征用为文思院军头司，只保留了吉祥寺。明末清初，蔡启僔［（1618—1683年），字石公，号昆旸，德清（今属浙江湖州）人］题写过“最吉祥处”四个字。

回过头来再说吉祥寺的牡丹。

吉祥寺中有一位名叫守璘的和尚擅长种植牡丹，他在寺中开辟了一个牡丹园，园中栽种了近百种牡丹，有几千株，包含各种名贵的品种。每年春季，牡丹花开的时候，杭州百姓蜂拥而至观赏牡丹，许多官员也与民同乐，来到吉祥寺赶赴牡丹花会。

熙宁五年（1072年）三月二十三日，时任杭州通判的苏东坡和知州沈立去吉祥寺观赏牡丹，苏东坡写有《吉祥寺赏牡丹》一诗，记录了当时赏花饮酒的欢乐情景。

吉祥寺赏牡丹

人老簪花不自羞，
花应羞上老人头。
醉归扶路人应笑，
十里珠帘半上钩。

此诗的大意为：“一个老人（指诗人自己）头戴一朵鲜艳的牡丹，自己一点都不感到难为情，倒是被插在老人头上的牡丹会不会感到难为情呢？赏花饮酒后，醉步蹒跚地被人搀扶着回家，一路上肯定引来街上民众的嬉笑。十里长街，百姓们纷纷卷起珠帘，笑看这位醉里戴花的长官。”

这就是苏东坡的真性情，百姓就喜欢这位有真性情的苏东坡。

苏东坡与吉祥寺的牡丹颇有诗缘。熙宁五年（1072年）冬至日，苏东坡独自去吉祥寺走了一圈，回来后作诗一首：

冬至日独游吉祥寺

井底微阳回未回，
萧萧寒雨湿枯荄。
何人更似苏夫子，
不是花时肯独来。

此诗的大意为：“春天还未归来，没有一点暖意，寒雨打湿了牡丹的枯枝。有谁像我这样，明明知道还没有到牡丹花开的时节，却偏要独自来访牡丹园。”

可见，吉祥寺的牡丹给苏东坡留下的印象极为深刻。过了十几天，苏东坡又一次来到吉祥寺，又作一首诗：

后十余日复至

东君意浅着寒梅，
千朵深红未暇裁。
安得道人殷七七，
不论时节遣花开。

此诗的大意为：“现在这个季节只有不畏严寒的梅花还在盛开，其他各种各样的花，东君都还没有来得及剪裁。怎样才能找到殷七七（传说殷七七是一位能够让花随时开放的奇异道人），请他帮忙让牡丹在寒冷的冬天开放呢？”

可见，苏东坡迫切地盼望看到牡丹的盛开。

杭州花港公园牡丹亭

熙宁六年（1073年）春，牡丹花开时节，苏东坡邀请新任知州陈襄一起到吉祥寺观赏牡丹。第二天，苏东坡早早来到吉祥寺等待陈襄，可是左等右等就是不见他的踪影。正在焦急之时，衙役来报，陈襄因临时有公务要处理，脱不开身。闷闷不乐的苏东坡随手写了一首诗交给衙役，让衙役带回去交给陈襄——

吉祥寺花将落而述古不至

今岁东风巧剪裁，

含情只待使君来。

对花无信花应恨，

直恐明年便不开。

此诗的大意为：“今年的牡丹开得特别好，含情脉脉地等待您来观赏。您答应来赏花而未至，失信于牡丹，它会怨恨你，恐怕明年花不会再开了。”

第三天，陈襄来到吉祥寺观赏牡丹花，并即席赋诗，以此感谢苏东坡和众人：

春晚赏牡丹奉呈席上诸君

逍遥为吏厌衣冠，
花谢还来访牡丹。
颜色只留春别后，
精神宁似日前看。
雨余花萼啼残粉，
风静奇香喷宝檀。
只恐明年花更好，
不知谁与并栏干。

此诗的大意为：“我喜欢逍遥做官而不喜欢这身刻板的官服，即使牡丹快谢了，我也要赶来观赏。连续下雨使得花萼里只残留一点花粉，但一阵风吹来，仍会把花香传递到四面八方。明年这里的牡丹很可能开得比今年好，只是不知道到那时，能够再在一起观赏牡丹的人还有谁。”

才思敏捷的苏东坡当即和了一首诗：

述古闻之，明日即至，坐上复用前韵同赋

仙衣不用剪刀裁，
国色初酣卯酒来。
太守问花花有语，
为君零落为君开。

熙宁六年（1073年）冬，苏东坡与陈襄诗歌唱和的主题是歌咏牡丹，苏东坡一共写了四首诗：

和述古冬日牡丹四首

其一

一朵妖红翠欲流，
春光回照雪霜羞。
化工只欲呈新巧，
不放闲花得少休。

其二

花开时节雨连风，
却向霜余染烂红。
漏泄春光私一物，
此心未信出天工。

其三

当时只道鹤林仙，
解遣秋花发杜鹃。
谁信诗能回造化，
直教霜枿放春妍。

其四

不分清霜入小园，
故将诗律变寒暄。
使君欲见蓝关咏，
更倩韩郎为染根。

苏东坡和陈襄友情深厚，熙宁七年（1074年）七月，陈襄从杭州离任，此后苏东坡屡屡回忆起与陈襄在吉祥寺参加牡丹盛会的场景——

惜花

吉祥寺中锦千堆，

（苏东坡自注：钱塘花最盛处。）

前年赏花真盛哉。

道人劝我清明来，

腰鼓百面如春雷，

打彻凉州花自开。

沙河塘上插花回，

醉倒不觉吴儿咍，

岂知如今双鬓摧。

城西古寺没蒿莱，

有僧闭门手自栽，
千枝万叶巧剪裁。
就中一丛何所似，
马瑙盘盛金缕杯。
而我食菜方清斋，
对花不饮花应猜。
夜来雨雹如李梅，
红残绿暗吁可哀。

苏东坡自注：
钱塘吉祥寺花为第一。壬子清明，赏会最盛。金盘彩篮以献于座者五十三人，夜归沙河塘上，观者如山，尔后无复继也。今年，诸家园圃花亦极盛，而龙兴僧房一丛尤奇，但衰病牢落，自无以发兴耳。昨日雨雹，知此花之存者有几，可为太息也。

吉祥寺僧求阁名

过眼荣枯电与风，
久长那得似花红。
上人宴坐观空阁，
观色观空色即空。

这首诗说的是吉祥寺僧人求苏东坡题写寺阁名，推测苏东坡会爽快地答应。可惜苏东坡的墨宝没有留存下来。

与苏东坡同时代的蔡襄（1012—1067年），字君谟，兴化仙游（今福建仙游）人。他工书法，擅茶艺，曾任杭州知州。他也是一位痴迷牡丹的诗人，相传蔡襄曾经与苏东坡“斗茶”。

蔡襄留下了不少咏吉祥寺牡丹的佳作：

吉祥寺赏牡丹对月

花未全开月未圆，
看花对月思依然。
明知花月无情物，
若使多情更可怜。

杭州访吉祥璘上人追感苏才翁同赏牡丹

曾乘春饮绕花畦，
花底余香入燕泥。
剪处佳人传烛下，
归时明月到云西。
重来草树惊秋色，
零落交朋感旧题。
若使他年逢胜赏，
一觞知复共谁携。

十八日陪提刑郎中吉祥院看牡丹

节候初临谷雨期，
满天风日助芳菲。
生来已占妙香国，
开处全烘直指衣。
揽照尽从乌帽重，
放歌须遣羽觞飞。
前驺不用传呼宠，
待与游人一路归。

杭州璘上人以花栽数种见寄

名园参差十数窠，
商船千里任风波。
土花分破根株小，
春色随来意气多。
欲种更看移树法，
将开须与傍栏歌。
中年渐不胜杯酌，
红翠他时奈尔何。

别样观感钱江潮

壮观的钱塘江潮吸引了历代诗人，他们也留下了多篇观潮诗词。古代诗人中谁写的观潮诗词最多？大概要数苏东坡了，共有八首。

其中，苏东坡的两句诗“八月十八潮，壮观天下无”，被视为对钱塘江潮的最高评价。

钱塘江潮

催试官考较戏作（节选）

八月十八潮，
壮观天下无。
鲲鹏水击三千里，
组练长驱十万夫。
红旗青盖互明灭，
黑沙白浪相吞屠。
人生会合古难必，
此情此景那两得。
愿君闻此添蜡烛，
门外白袍如立鹄。

苏东坡将钱塘江潮汹涌壮观的景象描述得别具一格，还触景生情，表达了他对人生世事的感慨。

苏东坡曾经一口气写了五首观潮诗：

八月十五日看潮五绝

其一

定知玉兔十分圆，
已作霜风九月寒。
寄语重门休上钥，
夜潮流向月中看。

其二

万人鼓噪慑吴侬，
犹似浮江老阿童。
欲识潮头高几许？
越山浑在浪花中。

其三

江边身世两悠悠，
久与沧波共白头。
造物亦知人易老，
故教江水向西流。

其四

吴儿生长狎涛渊，
冒利轻生不自怜。
东海若知明主意，
应教斥卤变桑田。

其五

江神河伯两醯鸡，
海若东来气似霓。
安得夫差水犀手，
三千强弩射潮低。

《八月十五日看潮五绝》作于熙宁六年（1073年）的中秋，当时苏东坡任杭州通判。第一首诗写诗人有去看钱塘江潮的打算。第二首诗描绘了钱塘江潮的气势磅礴。第三首诗抒写了诗人观潮后的感慨。第四首诗描写了诗人对观潮活动的想法——怜惜弄潮人重利轻生，讽喻当时朝廷兴建的一些水利设施没有给百姓带来实惠。第五首诗描写了诗人想象倘若能得到当年夫差手下的穿着水犀之甲的猛士和钱镠射潮时使用的三千强弩，就能把大潮制服，就能使百姓免于灾害。这五首诗有虚有实，虚实结合，有描述、有感慨、有想象，反映出苏东坡常怀忧国忧民之心，饱含爱国爱民之情。

“钱王射潮”雕塑（钱塘江畔）

苏东坡还写过一首观潮词：

瑞鹧鸪·观潮

碧山影里小红旗，侬是江南踏浪儿。拍手欲嘲山简醉，齐声争唱浪婆词。

西兴渡口帆初落，渔浦山头日未欹。侬欲送潮歌底曲？尊前还唱使君诗。

“踏浪儿”，指冲浪者。山简，晋代人，好酒。西兴渡口，位于钱塘江南岸。“使君”，指杭州知州陈襄，当天他与苏东坡一同观潮。

此词的大意为：“那些在碧波中舞动着小红旗的勇士，你们是踏浪而舞的弄潮儿。拍手想笑你们舞起来就像山简酩酊大醉时那样，而我正欣赏着两岸观潮人齐声争着唱词。近处西兴渡口赛舟的船帆刚刚落下，远方渔浦山头的太阳还没有西下。我该唱哪一支曲送走潮水呢？我看对酒还应高歌知州陈襄作的诗。”

这首词描写了弄潮儿在浪涛中自由、活泼的形象，描绘了钱塘江潮退潮时候的景象，还抒写了观潮者唱起“使君诗”作为送潮曲，可以说是生动地描绘了当时杭州百姓生活的一个侧面。

[清] 袁江《观潮图》（局部）
（故宫博物院馆藏）

苏东坡在“乌台诗案”期间云：“熙宁六年，任杭州通判，因八月十五日观潮作诗五首，写在安济亭上。”即指创作《八月十五日看潮五绝》。因此可知，这些诗词都作于熙宁六年（1073年）八月十五日。

苏东坡不光喜爱观赏钱塘江潮，还动脑筋“治潮”。元祐四年（1089年），苏东坡任杭州知州，他通过考察得知，衢、睦、处、婺、宣、歙、饶、信等州及福建八州的人民往来时，都需在龙山附近渡江，但有不少船只会被巨大的钱塘江潮掀翻，“老弱叫号，求救于湍沙之间，声未及终，已为潮水卷去”，“能自全者，百无一二”，公私财物一年要损失几千万贯。沿江各州人民生活必需的盐、米、薪也需借道钱塘江运输，但浮山一带水势险恶，船只很难安全航行。苏东坡谋划治潮良策，在元祐六年（1091年），从前信州（治所在今江西上饶）知州侯临那里访知，只要在钱塘江上游一处名叫石门的地方开凿一条运河，即可避开浮山之险。于是，他邀约转运司官员叶温叟、张璹一同前往石门一带实地考察，考察后一致认为侯临的设想是可行的。于是，他请侯临写了《开石门河利害事状》，请人做了开石门河所需的人工、材料、钱米等工程预算，又绘了一幅施工图。同年三月，苏东坡写了《乞相度开石门河状》上奏朝廷，连同工程预算、施工图及侯临的书状一并上报，请求宋哲宗和听政的太皇太后拨钱十五万贯，允许调用三千军人，用来开凿石门河，还建议朝廷派侯临监督施工，计划用两年时间完成这一工程。完成了“工程立项”，同年八月，苏东坡就调离杭州，去颍州上任了。

离开杭州很多年以后，苏东坡又写了一首观潮诗：

观潮

庐山烟雨浙江潮，
未到千般恨不消。
及至到来无一事，
庐山烟雨浙江潮。

这首诗是宋徽宗建中靖国元年（1101年）苏东坡在常州写给小儿子苏过的，类似偈语，风格与他以前的诗作迥异。这一年，苏过即将就任中山府（治所在今河北定州）通判，苏东坡写了此诗送他。此诗仅从字面解释是很

简单的，但简单中又蕴藏着不简单，颇有禅机。

此诗的大意为："庐山的烟雨和浙江潮，不去观赏会遗憾终生。我终于亲临两地看到了烟雨蒙蒙的庐山和汹涌澎湃的浙江潮，却没有什么特别的感受，也不过就是烟雨蒙蒙的庐山和汹涌澎湃的浙江潮。"

《五灯会元》卷十七载宋代禅宗青原惟信禅师语录："老僧三十年前未参禅时，见山是山，见水是水。及至后来，亲见知识，有个入处，见山不是山，见水不是水。而今得个休歇处，依前见山只是山，见水只是水。大众，这三般见解，是同是别？有人缁素得出，许汝亲见老僧。"

"三般见解"，指禅悟的三个阶段。苏东坡写的这首诗，用的正是此意。经历了人生之路的潮起潮落后，苏东坡写此诗时的感觉是否可以用"不过如此"来解释呢？也许他想告诉苏过的就是这个意思吧——别把仕途起伏看得太重。

这样意蕴深厚，在众多的观潮诗词中少见。

当年七月二十八日，苏东坡病逝于常州。

诗作菜谱 东坡肉

东坡肉是杭州的一道传统名菜，可谓家喻户晓。杭州大大小小做杭帮菜的餐馆里东坡肉是必备的菜之一，也是杭州人招待外地客人的必选菜之一。

宋哲宗元祐四年（1089年）一月，苏东坡回到阔别十五年的杭州任知州。四月二十九日，苏东坡在上奏朝廷的《乞开杭州西湖状》中说："熙宁中，臣通判本州，则湖之葑合盖十二三耳。至今才十六七年之间，遂堙塞其半。父老皆言十年以来，水浅葑横，如云翳空，倏忽便满，更二十年，无西湖矣。使杭州而无西湖，如人去其眉目，岂复为人乎？"

紧接着他在奏章中列出了疏浚西湖的五条理由：保障市民饮用水、灌溉农田、保护生态、疏浚河道、保护官营酿酒业发展（朝廷重要的税收来源）。朝廷同意了苏东坡的奏请，他便组织民工疏浚西湖，使西湖旧貌变新颜，达到了上述五个目标。

在疏浚西湖的过程中，挖出的葑泥被用来构筑长堤，南起南屏山麓，北到栖霞岭下，全长近三千米，连接了西湖南山与北山，给西湖增添了一道亮丽的风景线——那完全是疏浚西湖的“副产品”，这表明苏东坡不仅才情丰富、胸襟旷达，还特别善于治理城市。

据传，杭州的老百姓很感谢苏东坡为杭州做的这件好事，都夸他是个贤明的父母官。听说他在黄州时最喜欢吃猪肉（其实是吃不起羊肉），于是到过年的时候，大家就抬着猪肉挑着酒担去给他拜年。苏东坡收到后，便指点家人将肉切成方块，加入酒和作料，炖得酥酥的，然后分送给参加疏浚西湖的民工们吃，大家吃后无不称奇，一传十十传百，在杭州城里传开了。有个精明的杭帮菜餐馆老板，也做了这道菜，并且取名“东坡肉”，很受客人青睐，生意出奇地好，其他杭帮菜餐馆也纷纷做起了东坡肉。南来北往的客人到杭州，杭帮菜餐馆都会向

宋韵美食·东坡肉

他们推荐东坡肉，东坡肉渐渐名满天下，成为杭州第一传统名菜。

也许你会不信，其实东坡肉的发明地不在杭州。

宋神宗元丰三年（1080年）二月，苏东坡被贬到黄州任团练副使，一家人生活困苦，他率家人在城东坡地开荒种地，自号“东坡居士”。当时的黄州，有钱人喜欢吃羊肉而不屑于吃猪肉，老百姓又不知道猪肉怎么做才好吃，苏东坡就制作出独门美食“东坡肉”，既改善了自己家的伙食，又给黄州百姓创造了一道美味佳肴。苏东坡还专门写了一首《猪肉颂》，算是烹饪纪实吧。

猪肉颂

净洗铛，少着水，
柴头罨烟焰不起。
待他自熟莫催他，
火候足时他自美。
黄州好猪肉，
价贱如泥土。
贵者不肯吃，
贫者不解煮。
早晨起来打两碗，
饱得自家君莫管。

此诗的大意为：“把锅子洗得干干净净，放入切块的猪肉，少放些水，点燃柴木、杂草，抑制火势，用不冒火苗的虚火来煨炖。等待猪肉慢慢地熟，不要用旺火催熟它，煨炖的时间够足，它自然会滋味极美。黄州有这样好的猪肉，价钱却贱得像泥土一样；富贵人家不肯吃，贫困人家又不会煮。我早上起来打上两碗，自己吃饱了，请您莫要理会。”

这几乎与菜谱差不多。

以苏东坡的名气，以及他在黄州与百姓的交往情况，这道菜广为传播、仿制，完全有可能。据传，黄州百姓把这道菜称为“东坡肉”。只不过苏东坡治理杭州西湖，影响很大，加之东坡肉又在杭州被传颂并闻名全国，人们都以为杭州是东坡肉的发明地。

再来说几句苏东坡与烹饪的趣事。苏东坡在黄州的日子比较艰难，他写了一篇《节饮食说》贴在墙上以自勉。

节饮食说

东坡居士自今日以往，早晚饮食，不过一爵一肉。有尊客盛馔，则三之，可损不可增。有召我者，预以此告之，主人不从而过是，乃止。一曰安分以养福，二曰宽胃以养气，三曰省费以养财。元丰六年八月二十七日书。

虽然生活困苦，但苏东坡善于苦中作乐，这位天才的美食家总有办法就地取材，做一些美味给家人改善一下伙食。他做的东坡羹，吃过的人都觉得味道十分鲜美，纷纷向他请教。为此，苏东坡写了一篇《东坡羹颂》，详述做法。

东坡羹颂（节选）

东坡羹，盖东坡居士所煮菜羹也。不用鱼肉五味，有自然之甘。其法以菘，若蔓菁、若芦菔、若荠，皆揉洗数过，去辛苦汁。先以生油少许涂釜，缘及一瓷碗，下菜沸汤中。入生米为糁，及少生姜，以油碗覆之，不得触，触则生油气，至熟不除。

宋韵美食・瑞雪披霞

宋韵美食·国色添香

此文大意为："将白菜、萝卜、野荠菜等反复揉洗干净，意在除去菜蔬中的苦汁儿；用少许生油涂抹在大锅内壁、大瓷碗上；将切碎的白菜、萝卜、野荠菜及少许生姜放入锅中煮成菜羹，用油碗覆盖但不触碰菜羹，不然会有生油味；将盛满米的蒸屉放在锅上，等到菜完全煮熟后再盖上屉盖。"

这道菜不用鱼肉五味，以诸如萝卜、野荠菜、粳米等常见的廉价原料烹调而成，特别适合素食者食用。

苏东坡与街坊邻居的关系非常好，其中有几家开店的，请客时总会邀请苏东坡参加。有一次，苏东坡在刘家吃到一种煎米粉做成的糕饼，十分酥脆。他问主人："这饼叫什么名字？"主人说没有名字。苏东坡说："那就叫'为甚酥'吧。"后来这道糕点就叫出名了。

还有一次，苏东坡在潘家喝到一种酒，味道很酸，他说："莫不是做醋时放错了水吧？"此后，潘家便将这种酒叫作"错着水"。

有一天，苏东坡带领全家去郊外踏青，忽然想起刘家的糕饼，于是戏作小诗一首，叫僮仆拿着诗去求取餐食：

野饮花间百物无，
杖头唯挂一葫芦。
已倾潘子"错着水"，
更觅君家"为甚酥"。

回家后，苏东坡为这首小诗写下了"注解"："刘监仓家煎米粉作饼子，余云'为甚酥'。潘邠老家造逡巡酒，余饮之，云：'莫作醋错着水来否？'后数日，携家饮郊外，因作小诗戏刘公，求之。"

宋韵美食·曲院风荷

有无棱角天竺石

苏东坡即将离任杭州知州时写过三首绝句：

其一

当年衫鬓两青青，
强说重临慰别情。
衰发只今无可白，
故应相对话来生。

其二

出处依稀似乐天，
敢将衰老较前贤。
便从洛社休官去，
犹有闲居二十年。

其三

在郡依前六百日，
山中不记几回来。
还将天竺一峰去，
欲把云根到处栽。

这三首诗的大意为："年轻的时候与朋友离别强说愁，现在满头白发与朋友分别只能是相约下辈子了。我在杭州见贤思齐，做官处事处处效仿白居易，希望也能像他那样，退出官场之后能够过上二十年潇洒的日子。我在杭州为官六百天，记不清来过天竺山多少回，有了手中这块天竺石陪伴，我不管到哪里都会感觉到天竺山的禅意。"

苏东坡还给这三首诗写了长长的一段"注解"："予去杭十六年而复来，留二年而去。平生自觉出处老少粗似乐天，虽才名相远，而安分寡求，亦庶几焉。三月六日，来别南北

山诸道人，而下天竺惠净师以丑石赠行，作三绝句。”

这段“注解”透露出这些信息：一是苏东坡第二次在杭州为官已两年多，即将离任；二是苏东坡在杭州处处以白居易为榜样，包括做官与处事；三是临行前去南山、北山、天竺山向僧友道别；四是下天竺寺惠净法师送苏东坡天竺石以作纪念。惠净法师知道苏东坡喜欢形色各异的石头，才送天竺石给苏东坡。名石以老苍、绉透为美，所以称之为“丑石”。

在杭州“市长”苏东坡之前，也有一位喜欢天竺石的杭州“市长”，他的名字叫白居易。两位杭州“市长”任职的时间相隔260多年，“白市长”在唐代，“苏市长”在宋代。不过，“苏市长”十分崇拜“白市长”，行为处事都以“白市长”为榜样，他们也确实有很多相似之处。两位杭州“市长”不仅尽力造福杭州百姓——留下了白堤和苏堤，而且都乐于做杭州的城市形象“推广大使”——写了许多赞美杭州的诗词，甚至在个人喜好上都惊人地一致——喜欢天竺石。

我们再来看看白居易有关喜欢天竺石的自述。晚年的白居易在洛阳回忆自己任杭州刺史时，写了两首诗：

三年为刺史二首

其一

三年为刺史，无政在人口。
唯向郡城中，题诗十余首。
惭非甘棠咏，岂有思人不？

其二

三年为刺史，饮冰复食檗。
唯向天竺山，取得两片石。
此抵有千金，无乃伤清白。

天竺溪石

法镜讲寺外景

此诗的大意为："做了三年的刺史，我没有什么政绩可以让百姓来称颂。只是在城里四处走走，随手写了十多首诗。非常惭愧，这些并不是歌咏甘棠的诗句，难道就没有人想到这个意思？做了三年的刺史，常常喝冷水，不时吃苦菜。临走也只是在天竺山捡了两块石头作纪念。现在这两块石头在我心中抵得上千金，当初我这样随意带走石头，会不会有损我的清誉？"

天竺路牌坊

据传古时杭州天竺山莲花峰一带盛产天竺石，不过，从没有听杭州人说起过天竺石如何如何名贵。几十年中我虽然去过天竺山无数次，从来没有留意过传说中的“天竺石”，只是在网络图片上见过所谓的“天竺石”，似乎与普通鹅卵石差不多，看上去也没有什么特别异样，不大可能像田黄石、鸡血石那样名贵。为什么白居易离开杭州的时候会带两块天竺石作纪念？我以为有两个原因：一是相传白居易一直喜欢泉石，也就是喜欢溪水中的鹅卵石；二是他钟爱天竺山，不仅喜欢那里的环境，更留恋那里的朋友。

白居易在苏州刺史任上作有一首《答客问杭州》，前四句为：

为我踟蹰停酒盏，
与君约略说杭州。
山名天竺堆青黛，
湖号钱塘泻绿油。

杭州有那么多山，为什么白居易单说天竺山？白居易在杭州与一些僧人结为诗友，出入佛家之地，尤其经常造访天竺寺，写下了不少诗，在奉诏即将离开杭州时，白居易写的《留题天竺灵隐两寺》中有“在郡六百日，入山十二回”两句。在政务缠身的短短三年中，十几回上山访天竺、灵隐两寺，说明白居易是多么挚爱天竺、灵隐两寺的山水人文与佛刹梵音。

所以，白居易任满离开杭州时会取两块天竺石留作纪念。即便如此，白居易还免不了自责：拿走天竺山的两块石头好吗？是否因此有损我清白的官声？其实，白居易完全没有必要心存不安，他已经为这两块石头“买单”了。据《唐语林》记载：“公（白居易）罢杭，俸钱多留官库，继守者公用不足，则假而复填。” 白居易把自己积攒下来的“工资”留给了杭州办“民生实事”。

白居易离任杭州时，带走了两块天竺石；苏东坡离任杭州时，惠净以天竺石赠行。白、苏两位“市长”连离开杭州时带走的“纪念品”都相同，这真是千古奇缘。

追忆杭州元宵节

宋神宗熙宁七年（1074年）九月，苏东坡在杭州通判任上被调任密州知州，算是升职，十一月到任。很快就过年了，在熙宁八年（1075年）正月十五，写下了一首词《蝶恋花·密州上元》，追忆在杭州过元宵节的情形。

蝶恋花·密州上元

灯火钱塘三五夜，明月如霜，照见人如画。帐底吹笙香吐麝，更无一点尘随马。

寂寞山城人老也，击鼓吹箫，却入农桑社。火冷灯稀霜露下，昏昏雪意云垂野。

“蝶恋花”，唐教坊曲，后为词牌名，本名“鹊踏枝”，北宋晏殊改为“蝶恋花”，后世遂沿用。“上元”，

即正月十五日元宵节，也称上元节，元宵节历来有灯会，所以又称灯节。“钱塘”，即杭州。“三五夜”，即十五月圆夜，这里指元宵节。“帐”，即帏帐。“山城”，即密州。“社”，即农村节日祭祀活动。

此词的大意为：“杭州的元宵夜到处灯火通明，月光特别明亮好似地上铺满白霜，赏灯的人们就像是从画里走下来。帏帐里笙歌阵阵，飘出缕缕香气，街上很多骑马的人经过，却没有扬起一点尘土。我在寂寞的密州城过元宵节，感觉自己老了许多。虽然也有击鼓吹箫的声音传来，却是人们去乡村社祭。灯很稀，少见光亮，霜露降临，乌云低垂，怕是要下雪了吧。”

从繁华的杭州到清寂的密州，正好遇到元宵节，两地反差太大。元宵节杭州城里分外热闹，而密州城内却很冷清，苏东坡在杭州度过三个元宵节，自然而然地十分怀念杭州。苏东坡在杭州写过一首诗《祥符寺九曲观灯》，描写的就是在杭州祥符寺过元宵节的盛况。

祥符寺九曲观灯

纱笼擎烛逢门入，银叶烧香见客邀。
金鼎转丹光吐夜，宝珠穿蚁闹连朝。
波翻焰里元相激，鱼舞汤中不畏焦。
明日酒醒空想像，清吟半逐梦魂销。

作者自注：像，一作“象”。

“纱笼”，指类似筒裙的服装。“银叶”，指用银片制成的茶盏。“宝珠穿蚁”，意思是珠珠串连。“连朝”，即连日。

此诗的大意为：“穿着筒裙的美女，有的擎着蜡烛从门外进来，有的托着用银片制成的茶盏请客人饮茶。金鼎里面旋转的灯吐露出耀眼的光芒，高挂着的一串串花灯似宝珠穿蚁，连续多天被点亮。上下翻腾的灯光明亮得像火焰，又像鱼龙起舞。明天我酒醒之后也许很难想象今晚的情形，不如让美妙的‘灯光秀’长存于我的梦中。”

杭州元宵节的热闹情形，特别是灯会，在苏东坡《祥符寺九曲观灯》这首诗里可见一斑。

《武林梵志》有记述，苏东坡与祥符寺僧人有来往，元夕去祥符寺九曲观灯。祥符寺旧址在今杭州市延安路与凤起路交叉口东北处，《龙兴祥符戒坛志序》写道：

[宋] 李嵩《观灯图》（局部）
（“台北故宫博物院”馆藏）

“龙兴、祥符、戒坛，古一寺也。”宋室南渡初年，祥符寺很大一部分被占用，作为御前军器所和官兵、老百姓的住宅，只留西南一隅仍作寺院。清咸丰十一年（1861年）被毁，同治中重建，后被毁。

两宋时代，杭州元宵节内容之丰富，整个城市之欢腾，主要由“灯”带来。《武林旧事》卷二“元夕”，有比较详细的记载，我们来读几段：

一是皇家的灯会。

禁中自去岁九月赏菊灯之后，迤逦试灯，谓之“预赏”。一入新正，灯火日盛，皆修内司诸珰分主之，竞出新意，年异而岁不同。往往于复古、膺福、清燕、明华等殿张挂，及宣德门、梅堂、三间台等处临时取旨，起立鳌山。

灯之品极多见后灯品，每以苏灯为最，圈片大者，径三四尺，皆五色琉璃所成，山水、人物、花竹、翎毛，种种奇妙，俨然着色便面也。其后福州所进，则纯用白玉，晃耀夺目，如清冰玉壶，爽彻心目。近岁新安所进益奇，虽圈骨悉皆琉璃所为，号“无骨灯”。禁中尝令作琉璃灯山，其高五丈，人物皆用机关活动，结大彩楼贮之；又于殿堂梁栋窗户间为涌壁，作诸色故事，龙凤噀水，蜿蜒如生，遂为诸灯之冠。前后设玉栅帘，宝光花影，不可正视。仙韶内人，迭奏新曲，声闻人间。殿上铺连五色琉璃阁，皆毬文戏龙百花。小窗间垂小水晶帘，流苏宝带，交映璀璨。中设御座，恍然如在广寒清虚府中也。

南宋皇家灯会极尽奢侈豪华，真不是我们现在能够想象的。

二是民间的灯会。

都城自九岁冬孟驾回……而天街茶肆，渐已罗列灯球等求售，谓之“灯市”。……

邸第好事者，如清河张府、蒋御药家，间设雅戏、烟火，花边水际，灯烛灿然，游人士女纵观，则迎门酌酒而去。又有幽坊静巷好事之家，多设五色琉璃泡灯，更自雅洁，靓妆笑语，望之如神仙。……

西湖诸寺，惟三竺张灯最盛，往往有宫禁所赐、贵珰所遗者。都人好奇，亦往观焉。

民间灯会也是五花八门，各出奇彩，连寺庙里都张灯结彩，可知杭州元宵节灯会之盛。

三是元宵节的穿着和吃食。

德寿桥头

元夕节物，妇人皆戴珠翠、闹蛾、玉梅、雪柳、菩提叶、灯球、销金合、蝉貂袖、项帕，而衣多尚白，盖月下所宜也。……节食所尚，则乳糖圆子、䭔饳、科斗（蝌蚪）粉、豉汤、水晶脍、韭饼，及南北珍果，并皂儿糕、宜利少、澄沙团子、滴酥鲍螺、酪面、玉消膏、琥珀饧、轻饧、生熟灌藕、诸色龙缠、蜜煎、蜜裹、糖瓜蒌、煎七宝姜豉、十般糖之类，皆用镂鍮装花盘架车儿，簇插飞蛾红灯彩盝，歌叫喧阗。幕次往往使之吟叫，倍酬其直。……竞以金盘钿盒簇饤馈遗，谓之“市食合儿”。翠帘销幕，绛烛笼纱，遍呈舞队，密拥歌姬，脆管清吭，新声交奏，戏具粉婴，鬻歌售艺者，纷然而集。

元宵节市民上街赏灯，女子穿着打扮简直像模特走秀，争奇斗艳，戴的首饰有十多种；赏灯的同时还可以随意买数十种吃食，可见商铺之众；不仅勾栏瓦肆有各种演艺，连街上都有“舞队”……

杭州鼓楼上的灯笼装饰

你是否以为“扫街”一词是当代人所造？其实它在南宋时的杭州就出现了：“至夜阑则有持小灯照路拾遗者，谓之‘扫街’。遗钿堕珥，往往得之。”（周密《武林旧事·元夕》）说的是人们在元宵节赏灯，摩肩接踵之际女子戴的饰品被挤落了很多。待赏灯的人散去，有人提着小灯笼在街上捡戒指、耳坠、金钗什么的。这就是“扫街”。

如此热闹非凡的元宵节，能不让人记忆深刻吗？难怪苏东坡要追忆在杭州度过的元宵节了。

寻踪

脚步轻快走新登

宋神宗熙宁四年（1071年）四月，苏东坡离开京师赴任杭州通判，从此他与杭州结下了不解之缘。

熙宁六年（1073年）正月，苏东坡奉命行部富阳（今属浙江杭州）、新城（今属浙江杭州富阳区），也就是去两地巡查。没有史料告诉我们苏东坡在富阳、新城巡查时的情形，不过，好在苏东坡有及时写诗的习惯，他此行写了三首诗纪事，我们可以略知苏东坡此行的一二。

新城即新登。新登位于今杭州市西南部，西南连接胥口镇，与桐庐、临安接壤，是今杭州市富阳区西部的商贸中心。三国孙吴黄武五年（226年）析富春部分县地置新城县，为新登建县之始。五代十国时期后梁开平元年（907年）为避太祖朱温父朱诚讳，改新城为新登。北宋太平兴国三年（978年）复改富春为富阳，后一年又改新登为新城。南宋建炎三年（1129年），以杭州为行在所，富阳、新城两县隶属临安府，后世县辖屡有变更。

我们先来读苏东坡此行写的第一首诗：

往富阳、新城，李节推先行三日，留风水洞见待

春山磔磔鸣春禽，此间不可无我吟。
路长漫漫傍江浦，此间不可无君语。
金鲫池边不见君，追君直过定山村。
路人皆言君未远，骑马少年清且婉。
风岩水穴旧闻名，只隔山溪夜不行。
溪桥晓溜浮梅萼，知君系马岩花落。
出城三日尚逶迟，妻孥怪骂归何时。
世上小儿夸急走，如君相待今安有？

李节推，名佖，当时为杭州节度推官。风水洞，据《杭州图经》载，距钱塘旧治五十里，在杨村慈岩院。洞极大，流水不竭，清风微出，故而名为“风水洞”。苏东坡奉命出巡富阳、新城，李佖比苏东坡早出杭州城三日，在风水洞等候苏东坡，显得对苏东坡很恭敬，苏东坡便写了此诗作谢。

全诗写景写行，读来轻快，显出苏东坡的心情很好。最后两句“世上小儿夸急走，如君相待今安有”的字面意思是，这世上小孩儿都以急速奔跑为好，现如今像您这样早早地出城等待同伴的人哪里有啊！似乎在夸奖李佖的稳健。不过，这两句诗日后却被人利用，成了苏东坡“谤讪新政”的“罪证”之一，称“世上小儿”是指那些推行新法的“新进勇锐之士”。苏东坡自己也在“乌台诗案”期间说：“熙宁六年正月二十七日游风水洞，有本州推官李佖知轼到来，在彼等候。轼到，乃题诗于壁，其卒章不合云‘世上小儿夸急走’，以讥世之小人多务急进也。”

王安石变法中的不少举措招致朝廷中许多人的反对，苏轼、苏辙兄弟也在其中。两兄弟议论朝政得失时直言不讳，得罪了王安石及“变法党”，先后被贬出京师。苏东坡虽然已经离开了京师朝廷，却还是忘不了那里的是是非非。不过，这不是他与王安石个人之间的恩怨，两人忠君报国的出发点一致，只是政见不同罢了。

茶农采西湖龙井

接下来我们再读两首诗：

新城道中二首

其一

东风知我欲山行，
吹断檐间积雨声。
岭上晴云披絮帽，
树头初日挂铜钲。
野桃含笑竹篱短，
溪柳自摇沙水清。
西崦人家应最乐，
煮芹烧笋饷春耕。

其二

身世悠悠我此行，
溪边委辔听溪声。
散材畏见搜林斧，
疲马思闻卷旆钲。
细雨足时茶户喜，
乱山深处长官清。
人间歧路知多少，
试向桑田问耦耕。

这两首诗的大意为：

其一：“东风知道我要去山里，吹停了连日不断的雨。岭上的云朵像戴着棉帽，旭日初升如同铜钲挂在树梢。低矮的竹篱旁桃花朝我点头含笑，沙溪边柳条像是对我轻舞。居住在西山一带的人家很快乐，煮葵烧笋犒赏辛苦的春耕人。”

其二：“人生之路如同我现在行路，牵着马慢悠悠行走在溪边。朝廷上的党争，有用之材也怕搜林之斧，疲惫的战马希望听到鸣金收兵。茶农为细雨绵绵而高兴，在这大山深处有我的好友做着清官。人间的歧路有多少？去问问田里耕作的农民吧。”

在去往新城途中，明媚秀丽的春光和农家的春耕景象，使苏东坡心情舒畅。似乎连大自然都格外偏爱这位外乡人，为他的出行，东风“吹断檐间积雨声”，野桃“含笑”点头，“溪柳”翩翩起舞；“西崦人家”快乐耕作，细雨润茶，喜上眉梢，简直就是桃花源里的生活。

在《新城道中二首》的字里行间，我们看到了一位放飞心情的、快乐的苏东坡。

虽然苏东坡被贬出京师，但他在杭州为官时的生活是愉快的，这从他在杭州所作的诗词里完全可以看出来，如《腊日游孤山访惠勤惠思二僧》《吉祥寺赏牡丹》《六月二十七日望湖楼醉书》《饮湖上初晴后雨二首》

等，一个重要的原因是他遇到了善待他的上司杭州知州陈襄（字述古）。

熙宁七年（1074年），陈襄离任时苏东坡作词《虞美人·有美堂赠述古》赠别，“使君能得几回来？便使尊前醉倒更徘徊”，充分表达了苏东坡对陈襄的依依惜别之情。

柳浪闻莺

田间竹林访於潜

如果拍一部古装剧《苏东坡下乡“暗访”记》，也许会让现在的人们对苏东坡有新的了解。事实上他确实下乡“暗访”过。

宋神宗熙宁六年（1073年）春，苏东坡任杭州通判时去富阳、新城“视政”以后，紧接着又去了於潜（今属浙江杭州临安区）“视政”。所谓“视政”，也就是巡查，看看下属县民生和吏治的情况，这是通判的日常分内事情。虽然正史上没有记载苏东坡这次於潜“视政”的具体内容，但是苏东坡留下了三首诗，姑且算“视政”笔记吧，从中我们可以知道苏东坡在於潜的“暗访”行踪。

第一首诗告诉我们，苏东坡通过“暗访”考察了於潜官员的政绩。於潜县令刁铸与苏东坡同一科考中进士，称为“同年”。看来考察之后苏东坡对这位同年的政绩是满意的，要不然，以苏东坡的性格和为人，是不可能仅仅是因为同年就给予好评的。

我们读他写的这首《於潜令刁同年野翁亭》，可以看出他对於潜县令刁铸的好评。

於潜令刁同年野翁亭

山翁不出山，

溪翁长在溪。

苏东坡自注：前二令作二翁亭。

不如野翁来往溪山间，

上友麋鹿下凫鹥。

问翁何所乐，

三年不去烦推挤？

翁言此间亦有乐，

非丝非竹非蛾眉。

山人醉后铁冠落，

溪女笑时银栉低。

我来观政问风谣，

皆云吠犬足生氂。

但恐此翁一旦舍此去，

长使山人索寞溪女啼。

苏东坡自注：天目山唐道士常冠铁冠，於潜妇女皆插大银栉，长尺许，谓之蓬沓。

这首诗，初看是苏东坡为刁铸建的野翁亭而写，实际上蕴含着对刁铸政绩的好评。“野翁来往溪山间”，“翁言此间亦有乐”，乐在哪里？“非丝非竹非蛾眉”，乐在安民。何以见得？苏东坡自答：“我来观政问风谣，皆云吠犬足生氂。”也就是说，苏东坡去民间“暗访”，听到了老百姓对县令刁铸的好评，于是他用一个典故来形容。《后汉书》记载，岑熙做魏郡太守时政清民安，连老百姓家的看门狗也无所事事，以致脚底长出了长毛。最后两句“但恐此翁一旦舍此去，长使山人索寞溪女啼”的意思是，如果县令刁铸离任，道士们会感到很落寞，民妇也会为此流泪。

第二首诗告诉我们，苏东坡通过“暗访”，不但看到了老百姓的生活状态，还了解了於潜的风土人情。苏东坡的《於潜女》，一方面显示出他观察民风很仔细，另一方面显示出他遣词很传神。

於潜女

青裙缟袂於潜女，
两足如霜不穿屦。
觰沙鬓发丝穿杼，
蓬沓障前走风雨。
老濞宫妆传父祖，
至今遗民悲故主。
苕溪杨柳初飞絮，
照溪画眉渡溪去。
逢郎樵归相媚妩，
不信姬姜有齐鲁。

在苏东坡笔下，我们仿佛看到，微风细雨中，一名江南女子站在苕溪边的柳树下。她轻盈地走来，青裙白衣飘飘。苏东坡问，这名女子的神态、服饰，难道不是从吴越王时期一代代传下来的？於潜女子，与丈夫相爱，安享渔樵之乐。这样的人和这样的美好生活，即使周文王治下的女子也不能与之相比。

这样的“暗访”过程让苏东坡心情愉快，所以他写下的诗篇节奏也十分轻快。

第三首诗告诉我们，苏东坡游览了於潜的名胜古迹。正是由于这一次游览，苏东坡给我们留下了“宁可食无肉，不可使居无竹”的名句。

於潜县南旧有寂照寺，於潜僧慧觉在寂照寺出家。苏东坡一向喜欢结交佛家之人，到於潜顺便去了寂照寺，慧觉相陪游寺。寂照寺内有个绿筠轩，以竹点缀环境，十分幽雅，苏东坡看了很喜欢，就写下了一首诗：

於潜僧绿筠轩

宁可食无肉，不可使居无竹。
无肉令人瘦，无竹令人俗。
人瘦尚可肥，俗士不可医。
旁人笑此言，似高还似痴。
若对此君仍大嚼，
世间那有扬州鹤？

“此君”，用的是东晋王徽之的相关典故。王徽之酷爱竹子，有一次他借住在一位朋友家里，见四周没有竹子，当即吩咐找人来种竹。他说：“何可一日无此君。”“此君”指的就是竹子。“大嚼”也有典故，曹丕

《与吴质书》有语："过屠门而大嚼，虽不得肉，贵且快意。""扬州鹤"，用的是《殷芸小说》中的故事，一群人相聚各谈志向，有的说想当扬州刺史，有的说想发财，有的说想骑鹤上天做神仙。还有一人说，要"腰缠十万贯，骑鹤上扬州"。

此诗的大意为："宁可没有肉吃，也不能让居住的地方没有竹子。没有肉吃会让人瘦削，如果看不到竹子就会让人变得很俗气。人如果瘦了还可变肥，但人如果俗了就难以变清。旁人如果对此不理解，那么请想一想：既要欣赏高雅的竹子，又要大块吃肉，这世上哪里会有'腰缠十万贯，骑鹤上扬州'的人？哪能让升官、发财、成仙的愿望都实现呢？"

望湖楼下水如天

距离西湖断桥几百米处的北山路边、宝石山下，有一处绿树掩映、岩峦烘托、飞檐凌空、典雅古朴的楼阁，这就是望湖楼，苏东坡有诗“望湖楼下水如天”。

望湖楼距离西湖湖岸有近百米，怎么会“望湖楼下水如天”呢？

望湖楼曾经是杭州西湖的著名景点，原建筑早已不存。早先望湖楼并不在如今的地方，现在我们看到的望湖楼是20世纪80年代重建的。

望湖楼原名看经楼，在当时的昭庆寺（现在杭州青少年活动中心）前，始建于宋太祖乾德五年（967年），是吴越王钱弘俶所建，后改名为望湖楼。为什么取名“看经楼”？可能与昭庆寺相关。昭庆寺是钱弘俶的父亲钱元瓘所建，当时称“菩提院”。宋太宗太平兴国七年（982年），敕赐“大昭庆寺”。它曾经是一个规模宏大的寺院，寺院外围建筑一直延伸到西湖边。因此，在昭庆寺前西湖边建看经楼似乎是顺理成章的事情了。

游客从西湖码头登岸后，沿着石板路穿过石牌坊和山门，便到了天王殿前的万善桥。万善桥的西面还有一座涵胜桥，西湖水由南往北，再由西往东，流经涵胜桥和万善桥后，注入青莲池。1926年，西湖边拓建马路，拆掉了昭庆寺的前殿天王殿，万善桥也不复存在了，还填平了桥下的青莲池，但殿前的古樟至今仍存数株。

登望湖楼，近观碧波如镜，远眺群山环绕，湖中画舟点点，湖中三岛如三颗明珠闪烁于湖水之上，有时朦朦胧胧，有时清晰如画。望湖楼是煮茗把酒、欣赏西湖万种风情的绝佳之处，因此，引来了历代许多文人墨客。其中，最出名的肯定是苏轼了，他的《六月二十七日望湖楼醉书》令望湖楼声名远播。

六月二十七日望湖楼醉书

其一

黑云翻墨未遮山，
白雨跳珠乱入船。
卷地风来忽吹散，
望湖楼下水如天。

此诗的大意为："翻滚的乌云上涌，就如墨汁泼下，却还有山峦未被遮盖。雨滴像白玉珠子一般，落入船里。忽然间狂风卷地而来，满天的乌云被吹散，西湖的碧波与蓝天浑然一体。"

宋神宗熙宁五年（1072年）六月二十七日，苏东坡和友人一起泛舟西湖。六月天气多变，不一会儿，由艳阳高照转为乌云密布，继而风雨大作，船夫赶紧把他们送到就近的望湖楼。他们在望湖楼里边饮酒边欣赏西湖美景。此时，苏东坡不可能不诗兴大发，于是就有了《六月二十七日望湖楼醉书》，可惜苏东坡醉书的墨宝没能流传下来。如果流传下来，那会是怎样的一种恣意汪洋啊！

其实，苏轼那天在望湖楼写的《六月二十七日望湖楼醉书》不是一首诗，而是五首诗，最为人们熟知的就是前面这首，让我们再来读一读其余四首：

望湖楼（西湖北岸）

其二

放生鱼鳖逐人来，
无主荷花到处开。
水枕能令山俯仰，
风船解与月徘徊。

其三

乌菱白芡不论钱，
乱系青菰裹绿盘。
忽忆尝新会灵观，
滞留江海得加餐。

其四

献花游女木兰桡，
细雨斜风湿翠翘。
无限芳洲生杜若，
吴儿不识楚辞招。

其五

未成小隐聊中隐，
可得长闲胜暂闲。
我本无家更安往，
故乡无此好湖山。

这四首诗的大意为：“鱼鳖虽然已经被放生却还追赶着人们，不知道谁种下的荷花连片盛开，很是壮观。躺在被风吹得晃晃悠悠的游船里，流连忘返。湖里生长的乌菱和白芡不用花钱买，水中的雕胡米就像被包裹在绿盘里。回想起在会灵观品尝新米，滞留在江海上确实应该多吃一些食物保重身体。热情的采莲女采来荷花送给游人，她们头上的翠翘被细雨打湿了，却仍然不失乡野之美。小洲上长满了香草，也许采莲女并不知道那是《楚辞》里说的香草。我不一定能隐居山林，但想办法做个闲官暂时还是可以的。我本来就没有家，不在这里安身又能去哪里呢？何况就算我有故乡，那里也没有像这样优美的湖光山色。”

几乎是同样的季节同样的情境，宋哲宗元祐四年（1089年）七月，苏东坡以龙图阁学士除杭州知州，与朋友雨中游西湖，又写下了《与莫同年雨中饮湖上》一诗。“莫同年”指莫君陈，他与苏东坡同为嘉祐二年（1057年）

进士，所以称“同年”。

与莫同年雨中饮湖上

到处相逢是偶然，
梦中相对各华颠。
还来一醉西湖雨，
不见跳珠十五年。

“还来一醉西湖雨，不见跳珠十五年”，苏东坡想起了十几年前泛舟西湖时风雨骤至，当即写下《六月二十七日望湖楼醉书》的情景，感慨时光飞逝。

苏东坡是真的喜欢望湖楼，他还写过一首词：

临江仙·疾愈登望湖楼赠项长官

多病休文都瘦损，不堪金带垂腰。望湖楼上暗香飘。和风春弄袖，明月夜闻箫。

酒醒梦回清漏永，隐床无限更潮。佳人不见董娇饶。徘徊花上月，空度可怜宵。

项长官是苏东坡的同僚。休文，即南朝梁文学家沈约（441—513年），字休文，体弱多病。元祐五年（1090年）春，苏东坡卧病一月有余，病愈后和同僚项长官登上望湖楼赏景，写了这首词赠项长官。

此词的大意为：“多病的休文瘦弱得连垂腰的金带都不堪佩系了。望湖楼上花香阵阵，春风吹拂着我的衣袖。举头仰望，皓月当空，耳边传来悠扬的箫声。酒喝多了就去酣睡，而漏壶的滴水声又惊醒了我的梦。侍酒的美人不见了，自己就像独自徘徊在天上的月亮般寂寞，如此度过一个良宵真是太遗憾了。”

苏东坡刚刚病愈，身体虚弱，夜晚登上望湖楼，填词抒发孤寂的心绪。

杭州西湖游船

携手走过归隐桥

苏东坡一生结识过很多高僧，这些高僧不但修为高深，而且颇有诗才，苏东坡与他们心性相投，友情颇深，时有诗作唱和，给我们留下了苏东坡与他们往来的趣事，这里说说苏东坡与上天竺寺辩才法师的往来和诗作唱和。

辩才法师与苏东坡最为投缘，宋神宗熙宁四年（1071年）苏东坡到杭州任通判，这是他第一次到杭州，并与辩才法师因缘相识。那年苏东坡才34岁，辩才法师已经60岁，20多岁的年龄差距，居然没有违和感，两人结下了忘年交。

当时，苏东坡的第二个儿子苏迨不知患了什么病，头特别长，快4岁了还不会走路，苏东坡非常着急。辩才法师知道后，让苏轼带苏迨来见，他为苏迨进行摩顶治疗，很快治好了苏迨的病。

什么是“摩顶治疗”？玄乎。辩才法师究竟用什么医道治好了苏迨的病，也难考据，不过，治好了苏迨的病是真的，有苏东坡《赠上竺辩才师》一诗为证：

南北一山门，上下两天竺。
中有老法师，瘦长如鹳鹄。
不知修何行，碧眼照山谷。
见之自清凉，洗尽烦恼毒。
坐令一都会，男女礼自足。
我有长头儿，角颊峙犀玉。
四岁不知行，抱负烦背腹。
师来为摩顶，起走趁奔鹿。
乃知戒律中，妙用谢羁束。
何必言法华，佯狂啖鱼肉。

苏东坡（右）与辩才法师雕塑

辩才亭

这是一首纪事诗，诗中苏东坡描绘了辩才法师的形象——飘飘若仙的样子；描绘了辩才法师的医道和神奇的治病过程；描绘了苏迨的病状以及病愈后的活泼。最后四句表明，苏东坡为了感谢辩才法师，甚至不惜劝他破戒喝酒吃肉。这当然只是诗人苏东坡的“佯狂”而已，以此表达他对辩才法师的感激之情。至于辩才法师，谨遵戒律，那是毫无疑问的。

宋哲宗元祐四年（1089年），在离开杭州十五年后，苏东坡重回杭州任知州，此时年迈的辩才已从上天竺寺退居龙井寺，苏东坡即去拜访。苏东坡来访，辩才十分欣喜，最难风雨故人来，两人经常茶叙清谈。

有一天，苏东坡去龙井寺见辩才法师，晚间茶叙，突然雷电交加，暴雨疾至，窗前有两棵松树的树枝被吹折。辩才法师触景生情，脱口吟出一联：“龙枝已逐风雷变，减却虚窗半日凉。”苏东坡立即应声：“天爱禅心圆且洁，故添明月伴清光。”僧、俗两人如初心性相通，亘古难见。

辩才法师退居龙井寺后，慕名而来的客人仍然很多，年迈之人不堪打搅，不得已定了个规矩：待客不超三炷香，送客不过归隐桥。

元祐六年（1091年），苏东坡被朝廷召回。离杭前，苏东坡去龙井寺拜别辩才法师，两人相谈甚欢，不觉已经月上树梢，辩才法师留苏东坡夜宿龙井寺。第二天一早，辩才法师送苏东坡下山，一路谈笑，不知不觉过了溪上的归隐桥。小沙弥连忙提醒辩才法师破了规矩，辩才法师与苏东坡停下脚步，相顾大笑。辩才法师吟诵了杜子美的诗：“与子成二老，来往亦风流。”

辩才有《龙井新亭初成诗呈府帅苏翰林》一诗纪事：

暇政去旌旗，策杖访林丘。
人惟尚求旧，况悲蒲柳秋。
云谷一临照，声光千载留。
轩眉狮子峰，洗眼苍龙湫。
路穿乱石脚，亭蔽重冈头。
湖山一目尽，万象掌中浮。
煮茗款道论，奠爵致龙优。
过溪虽犯戒，兹意亦风流。
自惟日老病，当期安养游。
愿公归庙堂，用慰天下忧。

归隐桥上过溪亭

这首诗说的是，苏东坡在处理完公务以后，经常去龙井寺，二人“路穿乱石脚”，走遍了龙井的山山水水；“煮茗款道论”，二人论什么道，我们不得而知，但是能与苏东坡经常“道论”的人，必定旗鼓相当；“声光千载留”，二人的风采当与龙井的山水一样留存千古；最后两句“愿公归庙堂，用慰天下忧”，期望苏东坡这位济世之才早日回归朝廷，能为普天下百姓解忧，也就是说杭州这片土地太小，苏东坡应该立命于朝廷，造福天下。

苏东坡有一首和诗：

日月转双毂，古今同一丘。
惟此鹤骨老，凛然不知秋。
去住两无碍，天人争挽留。
去如龙出山，雷雨卷潭湫。
来如珠还浦，鱼鳖争骈头。
此生暂寄寓，常恐名实浮。
我比陶令愧，师为远公优。
送我还过溪，溪水当逆流。
聊使此山人，永记二老游。
大千在掌握，宁有离别忧。

这真是一段千古佳话。后来，辩才法师在老龙井旁建了过溪亭，于是龙井又多了一景。后人把辩才法师送苏东坡过溪经过的归隐桥称为“二老桥”。

辩才（1011—1091年），俗姓徐，名无象，法名元净，号辩才，於潜县（今属浙江杭州临安区）人。他家乐善好施，经常帮助穷苦之人。

辩才10岁的时候，父母亲把他送到西菩山明智寺出家为僧，师从僧人法雨禅师。辩才天资聪颖，好学精进，博学强记。辩才18岁离开西菩山明智寺，来到杭州上天竺寺，师从慈云法师，深得慈云真传，学行并进。慈云圆寂后，又师从明智韶师。在名师指点下，辩才道行渐高，行化东南，在吴越一带很有名望。辩才25岁时，宋仁宗闻其德行，特恩赐紫衣袈裟，并赐法号“辩才”。此后，他代韶师讲法长达15年之久，前后住持大悲宝阁院长达10年之久。

嘉祐末年（1063年），杭州知州沈遘以上天竺寺住持智月法师之邀，聘请辩才入山住持，并上请朝廷，以教易禅，朝廷恩准，赐改寺名为“灵感观音院”。吴越信众解囊相助，辩才“开山辟地二十五寻”，“增广殿宇”，“几至万础”，且“殿皆重檐”，“重楼杰观，冠于浙西”，前来求学的僧众越来越多，上天竺因此而成为杭州名刹。辩才在上天竺住持法席17年。

元丰二年（1079年），年届古稀的辩才从上天竺退居南山龙井寿圣院。后汉乾祐二年（949年），当地百姓募缘在此建报国看经院。北宋熙宁（1068—1077年）中改称寿圣院，即龙井寺。由于年久失修，已经破败不堪，仅存“蔽屋数楹”，辩才“策杖独往”，“以茅竹自覆”。辩才修葺屋宇，寺院得到振兴，最后圆寂于此。

辩才法师与寺僧在旁边的狮峰山麓开山种茶，将上天竺的白云茶种子移到此地，他常用自制茶叶接待来访的文人墨客和僧人，大家对产自龙井的茶叶极为推崇。据说，流传出去就成了最早的西湖龙井茶，他也被后人尊为“龙井茶鼻祖”，究竟如何，待考。

元祐六年（1091年）秋天，辩才法师自知来日无多，就入室端坐，谢绝宾客，不再言语、饮食。到第五日，辩才法师以偈语作别众人。到了第七日，法师安然圆寂。

次年五月，辩才法师的弟子惟楚携带一轴当年苏东坡写给辩才法师的信，去扬州找在那里任知州的苏东坡，请求题跋。苏东坡立即写题跋并作文祭奠：“……虽大法师，自戒定通。律无持破，垢净皆空。讲无辨讷，事理皆融。如不动山，如常撞钟。如一月水，如万窍风。八十一年，生虽有终。遇物而应，施则无穷。……”同年十月，辩才法师骨塔在龙井狮峰山麓建成，苏东坡请弟弟苏辙撰写辩才法师的塔碑铭文，以作纪念。

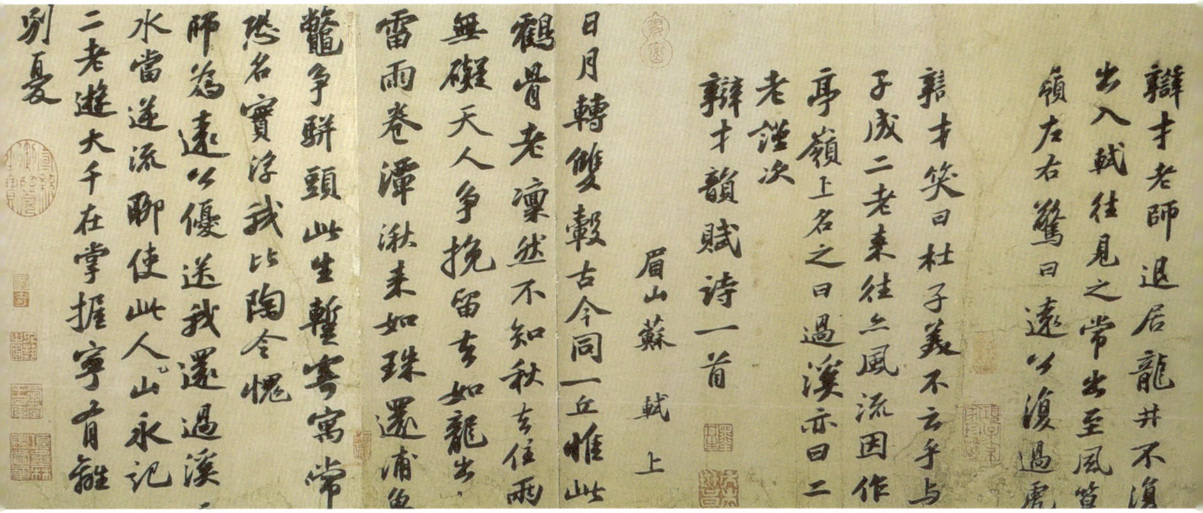

苏东坡书法作品《次辩才韵诗帖》
（“台北故宫博物院”馆藏）

不知何时，辩才塔被岁月湮没。

2011年12月22日，在老龙井御茶园内，杭州举行了辩才法师诞辰1000周年纪念暨辩才塔修缮完工仪式，还为新修建的辩才像揭幕。老龙井除了修缮原辩才塔，还新建了辩才亭、辩才塑像、“辩才与苏东坡问茶”等景观，并摩崖石刻《辩才传记》和《辩才与苏东坡问茶》。

何时有诗说苏堤

宋哲宗元祐五年（1090年）四月二十九日，苏东坡在杭州知州任上，在上奏朝廷的《乞开杭州西湖状》中说：“熙宁中，臣通判本州，则湖之葑合，盖十二三耳。至今才十六七年之间，遂堙塞其半。父老皆言十年以来，水浅葑横，如云翳空，倏忽便满，更二十年，无西湖矣。使杭州而无西湖，如人去其眉目，岂复为人乎？”

紧接着他在奏章中列出了疏浚西湖的五条理由：保障市民饮用水、灌溉农田、保护生态、疏浚河道、保护官营酿酒业发展（朝廷重要的税收来源）。朝廷同意了苏轼的奏请。

至于在疏浚西湖的过程中，利用挖出的葑泥构筑长堤，南起南屏山麓，北到栖霞岭下，全长近三千米，连接了西湖南山与北山，给西湖增添了一道亮丽的风景线，那完全是疏浚西湖的“副产品”，只能说明苏东坡特别善于治理城市。

苏东坡有诗纪事：

轼在颍州，与赵德麟同治西湖，未成，改扬州。

三月十六日湖成，德麟有诗见怀，次其韵

太山秋毫两无穷，
巨细本出相形中。
大千起灭一尘里，
未觉杭颍谁雌雄。
我在钱塘拓湖渌，
大堤士女争昌丰。
六桥横绝天汉上，
北山始与南屏通。
忽惊二十五万丈，
老葑席卷苍云空。
朅来颍尾弄秋色，
一水萦带昭灵宫。
坐思吴越不可到，
借君月斧修曈昽。
二十四桥亦何有，
换此十顷玻璃风。

雷塘水干禾黍满，
宝钗耕出余鸾龙。
明年诗客来吊古，
伴我霜夜号秋虫。

苏东坡自注：
德麟见约来扬寄居，
亦有意求扬倅。

元祐七年（1092年），苏东坡作此诗于扬州知州任上。元祐六年（1091年）苏东坡从杭州调任颍州知州，与赵令畤（宋太祖次子燕王德昭玄孙，原先字景贶，后来苏东坡为他改字德麟，苏东坡任颍州知州时，赵令畤为通判，二人为好友）一起疏浚颍州西湖。

“苏堤春晓”碑刻（康熙御题）

苏东坡像（苏堤南端）

第二年，即元祐七年（1092年），疏浚颍州西湖工程还没有完工，苏东坡又调任扬州知州，后来赵令畤寄来诗笺，告诉苏东坡，疏浚颍州西湖的工程已经完成，苏东坡便写了此诗作答。在诗中，苏东坡回忆了疏浚杭州西湖的过程：湖中挖出的淤泥筑成了长堤，上植杨柳，又架筑了六桥，使杭州西湖面目一新。

“太山”，即泰山。“杭颍”，指杭州西湖与颍州西湖。“六桥”，指苏堤六桥。“二十四桥”，扬州景点，杜牧的《寄扬州韩绰判官》中有“二十四桥明月夜，玉人何处教吹箫”两句。“十顷玻璃”，指湖水清澈，看上去像玻璃一样透明。

此诗的大意为：“泰山高大，但不是最大的；秋毫细微，但不是最小的。事物的大和小只存在于相互比较之中。大千世界里，生成和毁灭总是从微小开始的，杭州与颍州的两个西湖没有优劣之分。我在钱塘时疏浚西湖，使湖水清澈，男男女女在十里长堤上游乐。横跨湖面的六桥看上去如同跨越在天上的银河上，北山和南屏山因为有了长堤才开始相连。当初人们惊讶于遮覆湖面二十五万丈的葑田如乌云密布般，不知如何处置；现在都被用来筑堤，这样的废物利用，变成了西湖的一道景观。前些天我在颍州西湖欣赏秋色，湖水犹如一条绿色的锦带环绕着昭灵宫。此情此景，让我想起了杭州的西湖，可惜我不可能再去杭州看看西湖了。现在借你的手疏浚颍州西湖，使得湖水清澈，即使要我用扬州二十四桥来换颍州西湖的绿水清风，我觉得也是值得的。雷塘水已干涸并长满了禾黍，种田人在淤泥中挖出了隋炀帝宫人的金钗。如果明年你来扬州凭吊，我会和秋虫一起在凉夜里陪伴你。”

后人为了感恩并纪念苏东坡治理西湖的功绩，把杭州西湖中的这条南北向的长堤称为“苏堤”。

那么，何时有了苏堤的名称呢？从历来咏苏堤的诗词中寻找，可能南宋诗人葛天民的诗最早有“苏堤”一说，这时距苏东坡疏浚西湖并筑堤后大约70年。

据南宋吴自牧所著的《梦粱录》卷十二记载：“曰苏公堤。元祐年东坡守杭，奏开浚湖水，所积葑草，筑为长堤，故命此名，以表其德云耳。自西迤北，横截湖面，绵亘数里；夹道杂植花柳，置六桥，建九亭，以为游人玩赏

苏堤望山桥

驻足之地。咸淳间，朝家给钱，命守臣增筑堤路，沿堤亭榭再一新，补植花木。向东坡尝赋诗云：‘六桥横绝天汉上，北山始与南屏通。忽惊二十五万丈，老葑席卷苍烟（一作云）空。’”

可见，“苏堤”这一名称应当始于南宋。

南宋时，朝廷出资在堤上筑路，还对堤上的亭榭进行了修葺，并且在堤上广种花木，丰富了苏堤景观。

南宋时，西湖及其周边的十处特色风景合称“西湖十景”，分别为苏堤春晓、断桥残雪、曲院风荷、花港观鱼、柳浪闻莺、雷峰夕照、三潭印月、平湖秋月、双峰插云、南屏晚钟。至于“西湖十景”具体形成于哪一年，不可考。

南宋时，“苏堤春晓”被列为“西湖十景”之首，元代又称之为“六桥烟柳”，将其列入“钱塘十景”。“苏堤春晓”是指寒冬过后，苏堤花柳争发，有报春的意思在里面。

苏堤由南向北有映波桥、锁澜桥、望山桥、压堤桥、东浦桥和跨虹桥，杭州人将这六座桥俗称为“六吊桥”，现在苏堤望山桥南面的御碑亭里立有清康熙皇帝所题的“苏堤春晓”碑刻。

历来咏苏堤的诗词有许多，这里选录一部分。南宋葛天民（生卒年不详），字无怀，山阴（今浙江绍兴）人，居杭州西湖，与姜夔、赵师秀等多有诗唱和，著有《无怀小集》，写有：

正月二十七雨中过苏堤

一堤杨柳占春风，
柳外群山细雨中。
人苦未晴浑不到，
只宜老眼看空蒙。

此诗点出了苏堤报春的特点，还借用苏东坡“山色空蒙雨亦奇”的意境来描绘苏堤的景色。按葛天民生活的年代推断，苏东坡疏浚西湖并筑堤后大约70年，就有了“苏堤”这一名称了。

南宋吴惟信（生卒年不详），字仲孚，雪川（今浙江湖州）人，南宋后期诗人，写有：

俯瞰西湖

苏堤清明即事

梨花风起正清明，
游子寻春半出城。
日暮笙歌收拾去，
万株杨柳属流莺。

此诗的前两句描写了清明时节西湖的景色和百姓游春的热闹场面；后两句是说太阳下山以后，游人散了，西湖清静了，幽美的景色就被飞回来的黄莺享受了。

苏堤仁风亭

南宋陈郁（1184—1275年），字仲文，号藏一，临川（今江西抚州）人，南宋著名诗人，写有：

苏堤晓望

荷边清露袭人衣，
风里明蟾浴晓池。
凉影润香吟不得，
手扳堤柳立多时。

南宋汪元量（1241—1317年），字大有，号水云，钱塘（今浙江杭州）人，写有：

鹧鸪天

潋滟湖光绿正肥。苏堤十里柳丝垂。轻便燕子低低舞，小巧莺儿恰恰啼。

花似锦，酒成池。对花对酒两相宜。水边莫话长安事，且请卿卿吃蛤蜊。

元代尹廷高（生卒年不详），字仲明，号六峰，处州遂昌（今属浙江）人，著有《玉井樵唱正续稿》，写有：

苏堤春晓

翰苑诗人去不还，
长留遗迹重湖山。
一钩残月莺呼梦，
诗在烟光柳色间。

元末明初的瞿佑（1341—1427年），一作瞿祐，字宗吉，号存斋，钱塘（今浙江杭州）人，曾因诗获罪，写有：

摸鱼儿·苏堤春晓

望西湖、柳烟花雾，楼台非远非近。苏堤十里笼春晓，山色空蒙难认。风渐顺。忽听得、鸣榔惊起沙鸥阵。瑶阶露润。把绣幕微搴，纱窗半启，未审甚时分。

凭阑处，水影初浮日晕。游船未许开尽。卖

花声里香尘起，罗帐玉人犹困。君莫问。君不见、繁华易觉光阴迅。先寻芳信。怕绿叶成阴，红英结子，留作异时恨。

元代冯子振（约1257—约1348年），字海粟，攸州（今湖南攸县）人，元代散曲名家，写有：

鹦鹉曲·忆西湖

吴侬生长西湖住，舣画舫听棹歌父。苏堤万柳春残，曲院风荷番雨。草萋萋一道腰裙，软绿断桥斜去。判兴亡说向林逋，醉梅屋梅梢偃处。

苏堤远眺

明代李攀龙（1514—1570年），字于鳞，号沧溟，历城（今山东济南）人，明代著名文学家，写有：

苏堤春晓

桃红柳绿竞春天，
澹点烟波倚岸妍。
画舫停桡观翠袖，
长堤勒马踏晴烟。
花朝曾问西泠渡，
谷雨重登锦坞巅。
纵目楼台穷眺望，
万山争列酒杯前。

明代张宁（生卒年不详），字靖之，号方洲，海盐（今属浙江）人，著有《方洲集》，写有：

苏堤春晓

杨柳满长堤，花明路不迷。
画船人未起，侧枕听莺啼。

杭州苏东坡纪念馆

明代王世贞（1526—1590年），字元美，号凤洲，太仓（今属江苏）人，明代文学家、史学家，文坛领袖，写有：

泛湖度六桥堤

拂幰莺啼出谷频，
长堤夭矫跨苍旻。
六桥天阔争虹影，
五马飙开散曲尘。
碧水乍摇如转盼，
青山初沐竞舒颦。
莫轻杨柳无情思，
谁是风流白舍人？

明代王瀛（生卒年不详），字十洲，常熟（今属江苏）人，画家，写有：

苏公堤

老去寻芳信杖藜，
从容踏遍短长堤。
阴抟烟柳藏莺语，
香散风花逐马蹄。

十里平分湖里外，
六桥联跨岸东西。
坡翁遗惠今犹古，
薄暮归来醉欲迷。

我国现代著名作家郁达夫写有：

乙亥夏日楼外楼坐雨

楼外楼头雨似酥，
淡妆西子比西湖。
江山也要文人捧，
堤柳而今尚姓苏。

这是1935年夏，郁达夫在杭州西湖楼外楼写下的诗。1933年4月，郁达夫由上海移居杭州，在杭州写下了不少山水游记和诗词。

遥想当年，郁达夫饮酒于楼外楼，恰逢细雨蒙蒙，眺望苏堤，翠色蜿蜒，

正所谓“晴西湖不如雨西湖”，兴之所至，郁达夫吟出了这首诗。

这首诗突出了苏东坡的文人地位，把杭州，特别是西湖景观与文人的关系定位成以文人为主导，这多少反映了作者作为文人的“自恋”。其实，苏东坡在修筑苏堤时，倒真的是从官员的身份出发来考虑改善民生。

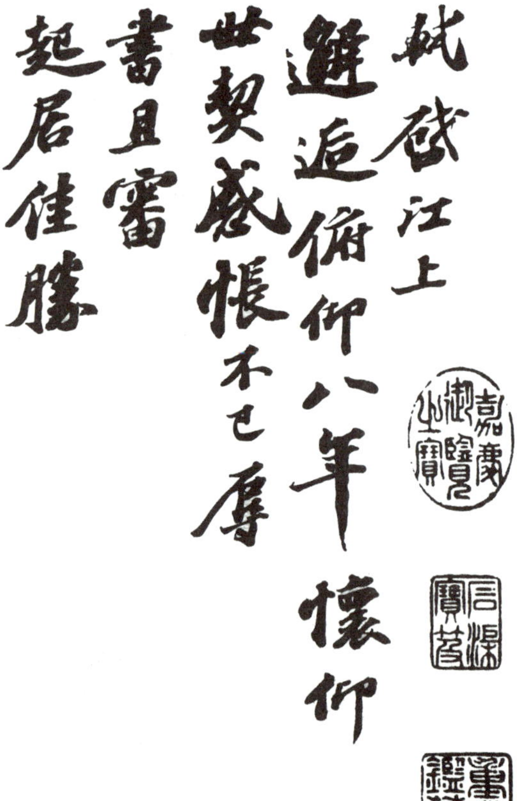

苏东坡书法作品《江上帖》

（真迹现藏于故宫博物院）

婉约诗词存珍爱

说到苏东坡的杭州岁月，朝云是绕不开的一个女人。不仅仅因为朝云是苏东坡的侍妾，还因为朝云是陪伴苏东坡时间最长的女人，更因为朝云与苏东坡心意相通。苏东坡为朝云写过多首诗词，朝云的模样长存于苏东坡的这些诗词里。

朝云姓王，是苏东坡任杭州任通判时，赎回的一名歌女，先为侍女，后纳为妾，陪伴苏东坡23年，特别是在苏东坡最为落魄之时，对苏东坡依然不离不弃，后来苏东坡被贬惠州，由于当地气候湿热，朝云感染了瘟疫，年仅34岁就离开了人世。

我们来读读苏东坡写给朝云的诗文。

第一首诗是《朝云诗并引》，作于北宋哲宗绍圣元年（1094年）。

朝云诗 并引

世谓乐天有粥骆马放杨柳枝词，嘉其主老病，不忍去也。然梦得有诗云："春尽絮飞留不得，随风好去落谁家。"乐天亦云："病与乐天相伴住，春随樊子一时归。"则是樊素竟去也。

予家有数妾，四五年相继辞去，独朝云者，随予南迁。因读乐天集，戏作此诗。朝云姓王氏，钱塘人，尝有子曰干儿，未期而夭云。

[元] 赵孟頫《东坡小像》
（故宫博物院馆藏）

不似杨枝别乐天，
恰如通德伴伶玄。
阿奴络秀不同老，
天女维摩总解禅。
经卷药炉新活计，
舞衫歌扇旧因缘。
丹成逐我三山去，
不作巫阳云雨仙。

重点说说这首诗的“并引”。这是一段“题记”之类的文字，交代了写此诗的缘由。对于后世读者来说，这段“并引”甚至比这首诗更重要，我们可以从中知道这几点意思：第一，“朝云姓王氏，钱塘人”，明确告诉我们朝云是哪里人。第二，“予家有数妾，四五年相继辞去，独朝云者，随予南迁”，明确告诉我们，虽然姬妾数人（至少三人以上），只有朝云一个人跟随苏东坡“南迁”。这里的“南迁”是比较隐晦的说法，其实是被贬官于偏远之地惠州、儋州。第三，“尝有子曰干儿，未期而夭云”，明确告诉我们，苏东坡与朝云曾经有一个儿子，小名干儿，出生不久孩子就死了。第四，“因读乐天集，戏作此诗”，明确告诉我们，苏东坡因为读了白居易的诗《不能忘情吟》有感而发，作了此诗，还在开头引用了白居易《不能忘情吟》的句子。第五，将两位姓樊的女子作了比较，以此来赞美朝云。白居易曾有侍妾樊素，“樱桃樊素口”，擅唱杨柳词，被人称作“杨柳”。后来，白居易年老体衰，就让樊素离开了他，所以，白居易有诗句“春随樊子一时归”。西汉伶玄有一侍妾名叫樊通德，传说曾经在宫里服侍过赵飞燕，樊通德与伶玄在一起后，常常说起赵飞燕姐妹的往事，伶玄将樊通德说的这些往事编写成名篇《赵飞燕外传》。苏轼在这里有把朝云比作樊通德的意思。

“阿奴络秀不同老”一句运用了历史典故。据《晋书·列女传》记载，安东将军周浚狩猎遇雨，农家女子李络秀让其避雨并给餐食，周浚向李父提出纳李络秀为妾，李父婉拒，李络秀却愿意，后来生了三个儿子，这三个儿子都成为晋朝的栋梁之才，其中一个小名叫“阿奴”的儿子，一直陪伴李络秀到老。

苏东坡《朝云诗并引》中的“阿奴络秀不同老”，既是夸朝云像李络秀一样对自己不离不弃，又遗憾他们的孩子干儿没有像阿奴一样，陪着母亲到老。

“维摩”即“维摩诘”的省称，此处指居士。“天女维摩总解禅”是称赞朝云对佛教禅意深有理解。

“丹成”指道教炼丹成功，这里是修炼得道的意思。“三山”指的是海上仙山蓬莱、瀛洲、方壶三山。

“巫阳云雨仙”指的是巫山神女，源自宋玉的《高唐赋》与《神女赋》。“不作巫阳云雨仙”的意思是，“如果朝云你得道成仙，不可以像巫山神女那样留恋人间的春色，而应该和我（苏东坡）一起去海上仙山，做一对逍遥的神仙眷侣”。

苏东坡曾到访过的宝成禅寺

我们再来读第二首诗《悼朝云诗并引》。该诗作于宋哲宗绍圣三年（1096年）。

悼朝云诗 并引

绍圣元年十一月，戏作《朝云诗》。三年七月五日，朝云病亡于惠州，葬之栖禅寺松林中，东南直大圣塔。予既铭其墓，且和前诗以自解。朝云始不识字，晚忽学书，粗有楷法。盖尝从泗上比丘尼义冲学佛，亦略闻大义，且死，诵《金刚经》四句偈而绝。

苗而不秀岂其天，
不使童乌与我玄。
驻景恨无千岁药，
赠行唯有小乘禅。
伤心一念偿前债，
弹指三生断后缘。
归卧竹根无远近，
夜灯勤礼塔中仙。

同样重点说说这首诗的“并引”。我们可以从“并引”中知道这几层意思：第一层意思，朝云到苏家时尚不识字，跟着苏东坡学习而渐通文墨，可能是在惠州时学习书法，楷书入门。苏东坡是书法大家，朝云有就近研学之便，苏东坡有悉心指导之功。第二层意思，朝云虔诚学佛、晓知义理，临终诵《金刚经》四句偈。第三层意思，绍圣三年（1096年）朝云病死于惠州，葬在栖禅寺松林东南角。第四层意思，苏东坡亲自安葬朝云，并写墓志铭。

“伤心一念偿前债，弹指三生断后缘”，陪伴他的女人一个个都离世。读此诗时，不忍想象63岁的苏轼老泪纵横、伤心欲绝的模样。

按照朝云的遗愿，绍圣三年（1096年）八月三日，苏东坡将她葬在惠州西湖南畔的栖禅寺外松林里，亲笔为她写下墓志铭。

朝云墓志铭

东坡先生侍妾曰朝云，字子霞，姓王氏，钱塘人。敏而好义，事先生二十有三年，忠敬若一。绍圣三年七月壬辰，卒于惠州，年三十四。八月庚申，葬之丰湖之上栖禅山寺之东南。生子遁，未期而夭。盖尝从比丘尼义冲学佛法。亦粗识大意。且死，诵《金刚经》四句偈以绝。铭曰：

浮屠是瞻，伽蓝是依。如汝宿心，惟佛之归。

苏东坡还在朝云的墓上修筑了一座六如亭来纪念她，因她死前所念四句偈中有佛家所谓“六如”，因此取亭名为“六如”并撰楹联：

不合时宜，惟有朝云能识我；
独弹古调，每逢暮雨倍思卿。

断桥与保俶塔

这副楹联似乎坐实了这样一则逸闻：有一天饭后，苏东坡拍着自己的肚皮问家里众姬妾这肚子里有什么，有的说才学，有的说经纶……独有朝云说“学士一肚皮不合时宜”。苏东坡听后哈哈大笑。

遗憾的是，随着斗转星移，当年朝云墓的遗物已不可考。现在我们能在惠州西湖边看到的《苏文忠公朝云墓志铭》是清嘉庆六年（1781年）四月汀州伊秉绶书。

伊秉绶（1754—1815年），字组似，号墨卿，晚号默庵，汀州府宁化县（今属福建）人，清乾隆五十四年（1789年）进士，嘉庆四年（1799年）任惠州知府，擅长书法。

关于苏东坡为女子写诗词，还想再说几句。

令苏东坡一往情深的不只是朝云，还有他的夫人王弗。王弗是中岩书院院长王方的女儿，聪明伶俐，知书达礼。苏东坡在中岩书院读书时与王弗相识，互生爱慕，终结连理，那年苏东坡19岁，王弗16岁。

王弗不仅与苏东坡琴瑟相和，还通晓人情世故，当苏东坡在家里接待客人时，王弗常常立在屏风后面听他们谈话，事后告诉苏东坡一些人际交往的禁忌，使随性的苏东坡在官场中避免了不少麻烦。

王弗陪伴苏东坡11年，27岁因病去世，这是苏东坡心中永远的痛。

10年后，苏东坡写下《江城子》怀念她：

江城子·乙卯正月二十日夜记梦

十年生死两茫茫，不思量，自难忘。千里孤坟，无处话凄凉。纵使相逢应不识，尘满面，鬓如霜。

夜来幽梦忽还乡，小轩窗，正梳妆。相顾无言，惟有泪千行。料得年年肠断处，明月夜，短松冈。

探幽

吴山之上有美堂

有美堂遗址

千年之前的杭州就是一个多雨的城市，这从古代诗人们留下的诗作中就可以知道。苏东坡写的关于杭州的诗有不少是描述景点的雨中景象，“水光潋滟晴方好，山色空蒙雨亦奇”“黑云翻墨未遮山，白雨跳珠乱入船”……雨中的西湖，确实别有一番风情。

有美堂暴雨

游人脚底一声雷，
满座顽云拨不开。
天外黑风吹海立，
浙东飞雨过江来。
十分潋滟金樽凸，
千杖敲铿羯鼓催。
唤起谪仙泉洒面，
倒倾蛟室泻琼瑰。

此诗的大意为：“那一阵惊雷好似在游人的脚底下突然响起，浓厚的云朵仿佛已进入有美堂，浓黑得拨不开。狂风挟带着乌云，把远在天边的海水吹得如山一般直立，暴雨从浙东渡过钱塘江，突然袭击杭城。西湖犹如盛满了雨水的巨大酒杯，湖水被灌满，几乎要溢出来；密集的雨点如同羯鼓一样，敲打着湖面、山林、大地。我真想唤来‘谪仙人’李白，请他用山间的飞泉洗脸，醒过来看看眼前这奇特的景象，这雨似是把蛟龙宫室里的珠玉洒向了人间。”

《有美堂暴雨》是苏东坡于宋神宗熙宁六年（1073年）初秋所作，苏东坡此时任杭州通判。这首诗描写了突然而至的暴雨，有声响、有景致、有形状、有色彩，更有丰富的联想和想象，视觉感非常强。读此诗，我们仿佛置身于当时雷声隆隆、暴雨倾盆的场景中，真是神来之笔。

读罢此诗，读者可能会好奇，有美堂在杭城哪里呢？

北宋时，有美堂在吴山上，且很有来历。宋仁宗嘉祐二年（1057年），梅挚出任杭州知州，宋仁宗赵祯亲自赋诗送行：

赐梅挚知杭州

地有湖山美，东南第一州。
剖符宣政化，持橐辍才流。
暂出论思列，遥分旰昃忧。
循良勤抚俗，来暮听歌讴。

一位州官赴任，皇帝亲自赋诗送行，那还得了？顺便插一句，宋仁宗对杭州之美评价极高。梅挚到杭州后，为回报皇恩，在吴山顶上建了一座楼台，取名“有美堂”，源自宋仁宗诗中“地有湖山美，东南第一州”之句。

有美堂建成后，梅挚请欧阳修写了一篇《有美堂记》。欧阳修是何许人也？当时欧阳修不但官至参知政事，而且是文坛领袖。欧阳修在《有美堂记》中这样写道：

……今其民幸富完安乐。又其俗习工巧，邑屋华丽，盖十余万家。环以湖山，左右映带。而闽商海贾，风帆浪舶，出入于江涛浩渺、烟云杳霭之间，可谓盛矣。而临是邦者，必皆朝廷公卿大臣若天子之侍从，又有四方游士为之宾客。故喜占形胜，治亭榭，相与极游览之娱。然其于所取，有得于此者必有遗于彼。独所谓有美堂者，山水登临之美，人物邑居之繁，一寓目而尽得之。盖钱塘兼有天下之美，而斯堂者又尽得钱塘之美焉，宜乎公之甚爱而难忘也。

此文的大意为：“杭州这个地方的老百姓生活富裕、安定，能够享受快乐的生活。这个地方有许多手艺精湛的工匠，房屋非常华丽，有十万多家。整个城市与西湖、山林融为一体。来自福建的许多商船，穿梭于钱塘江和浩瀚的大海之间。来这个地方的人，不是朝廷的公卿大臣，就是皇上的侍从，或者是来自各地喜欢旅游的人。很多人在西湖边寻找合适的地方买地建房，还筑起了亭台和水榭。朋友们在聚会的同时还能饱览湖光山色。在钱塘的其他地方，虽然也可以看到种种美景，但都不是全景。只有在有美堂这里，钱塘山水之美和杭州人居物产之盛才会尽收眼底。人们说钱塘这个地方拥有天下冠绝的美景，而有美堂又把钱塘之美尽收眼底，这确实是梅挚先生非常喜欢这座有美堂而且很难忘怀的原因。”

欧阳修的《有美堂记》对杭州的评价是客观的，对有美堂的描述也是客观的。于吴山上登楼阁，欣赏杭城美景，左牵钱塘江，右揽西湖，湖光山色和参差十万人家尽收眼底。

吴山古樟树（树龄700年以上）

得到了欧阳修的《有美堂记》，梅挚又请北宋著名书法家蔡襄为之书丹，勒石立碑于有美堂前。于是，一个著名景点就这样诞生于吴山之上。存有两位当时一流文化名人的联手作品，有美堂不可能不出名，文人雅士当然要去登临赏景，少不了要吟诗赋词。

熙宁六年（1073年），苏东坡游有美堂，暴雨突至，便有了即景而作的《有美堂暴雨》。熙宁七年（1074年），知州陈襄（字述古）调离杭州前，在有美堂设宴告别亲朋好友，可见此时有美堂已成为官宦文人应酬的场所。应陈襄之请，苏东坡即席作词一首：

虞美人·有美堂赠述古

湖山信是东南美，一望弥千里。使君能得几回来？便使尊前醉倒且徘徊。

沙河塘里灯初上，水调谁家唱？夜阑风静欲归时，惟有一江明月碧琉璃。

此词的大意为：“大自然的湖光山色，要数钱塘最美。登有美堂远眺，能看到千里之外。此去，您何时才能再回杭州？您醉倒在这里吧，就当作徘徊。河边华灯初上，是谁在弹唱水调？在夜深人静回家的时候，在一轮明月的映照下，钱塘江澄澈得像一块碧绿的琉璃。”

这首词既称赞了杭州湖山的美好景色，又充分表达了苏轼对陈襄的依依惜别之情。

可惜的是，有美堂在南宋时已被毁，后世在有美堂遗址上曾建至德观，屡毁屡建，终至没了踪迹。今人为纪念这段历史，在有美堂遗址前立欧阳修《有美堂记》碑刻，自然不可能是蔡襄的手迹。

据传，当年有美堂前的大樟树今天仍在，樟树下有石刻“宋樟”二字。古树名木保护牌上写着“树龄：730年”。究竟真伪如何，未知。不过，在吴山上，乃至在杭州，有这样的古树也是极为难得的。

吴山宋樟

冷夜难眠水陆寺

苏东坡两度在杭州为官，写过许多与西湖相关的风花雪月的诗词，在后世人们的眼中，苏东坡在杭州的日子过得很潇洒，其实也不尽然，只不过这些吟咏西湖的诗词太过炫目，给人造成了错觉。不妨读一读苏东坡在杭州写的另外两首诗，可以看到另一个侧面的苏东坡。

苏东坡写这两首诗都与一件事情有关——汤村开运盐河。

有必要先简单交代一下汤村。

汤村在哪里？汤村就在现在的杭州市临平区内。南宋《乾道临安志》卷二载："汤村镇，右本仁和镇，端拱元年，改隶仁和县。"清康熙《杭州府志》有载，乔司镇旧名汤村镇，在仁和东北五十九里，明永乐十一年（1413年）曾为海潮所陷，清初设盐课司于此。民国《杭县志稿》载："汤村镇市在南宋时即为两赤县（钱塘、仁和）十五镇市之一。"盐务历代都由朝廷专管，唐乾元二年

（759年），朝廷派盐铁使主管仁和盐业，乔司应是主管地域。乔司南面与钱塘江相近，杭州湾潮起潮落，沿江有盐场，清盐课司迁址于此，又改汤村为乔司，大约有取盐课司乔迁之意。民国初期，乔司与临平、塘栖、三墩、瓶窑、良渚、留下并称杭县七大镇。中华人民共和国成立后，1950年，杭县在乔司镇南面区域设立盐区。1953年，因翁中乡全部及翁东、翁西乡大部坍入钱塘江中，盐区撤销，盐业生产随之趋缓，直至停产。

回过头来再说苏东坡与汤村运盐河的关系。

北宋时汤村（乔司）的食盐生产已具相当规模，牛车、马车已不能满足当地向外运输食盐的需求，朝廷决定

京杭大运河杭州段

改为水运，从汤村（乔司）开凿一条河道直通大运河，专门用来运输食盐。宋神宗熙宁五年（1072年）十月，身为杭州通判的苏东坡承担了督开汤村运盐河的任务。这期间，他写了三首诗纪事。其中两首是《是日宿水陆寺寄北山清顺僧二首》，另外一首是《汤村开运盐河雨中督役》。通过这三首诗，我们可以看到隐藏在繁华背后的辛酸。

苏东坡为什么夜宿水陆寺？办事认真的苏东坡，为了“督役”运盐河工程，就近找个地方过夜，免得他在杭州城里与汤村（乔司）之间来回跑费工夫，大约水陆寺是离汤村（乔司）比较近又适合夜宿的地方。

杭州现在仍然有一条巷叫水陆寺巷，巷名因寺名而起。水陆寺巷东起东清巷，西至新华路南段。宋代时名水陆寺巷、三营巷，明代称全三营巷，清代又复称水陆寺巷。这一带在吴越国时设大路营，宋代有第三指挥所（营）设在那里，所以称三营巷、全三营巷。

历史上杭州有三个水陆寺：一在仁和城外，称外水陆寺；一近望江门，称上水陆寺；一在平安坊，称下水陆寺。估计苏东坡夜宿的水陆寺在仁和城外，即杭州北部。

我们现在来说说前面提到的这三首诗。

是日宿水陆寺寄北山清顺僧二首

其一

草没河堤雨暗村，
寺藏修竹不知门。
拾薪煮药怜僧病，
扫地烧香净客魂。
农事未休侵小雪，
佛灯初上报黄昏。
年来渐识幽居味，
思与高人对榻论。

其二

长嫌钟鼓聒湖山，
此境萧条却自然。
乞食绕村真为饱，
无言对客本非禅。
披榛觅路冲泥入，
洗足关门听雨眠。
遥想后身穷贾岛，
夜寒应耸作诗肩。

运河边的古寺

清顺，字颐然，杭州诗僧，苏东坡与他有诗词唱和，这两首诗就是寄给清顺的。前一首诗描写水陆寺幽寂的环境,寺僧的平淡生活，字里行间透着冷清。后一首诗描写了苏东坡“督役”生活的清苦，“乞食绕村真为饱”是生活上的清苦，“无言对客本非禅”是精神上的清苦。苏东坡在各地都有僧友，喜欢谈禅，如今被“冷落”在水陆寺里只为夜宿，夜深人静时不由得思念在杭州的僧友，于是提笔写两首诗排遣一下郁闷的心情。

其实，苏东坡之所以心情郁闷，不仅仅是因为夜宿水陆寺时感到孤独，还因为怜悯开凿运盐河劳工的辛苦。他写给弟弟苏辙的诗就吐露了这种悲悯的心声：

汤村开运盐河雨中督役

居官不任事，萧散羡长卿。
胡不归去来，滞留愧渊明。
盐事星火急，谁能恤农耕。
薨薨晓鼓动，万指罗沟坑。
天雨助官政，泫然淋衣缨。
人如鸭与猪，投泥相溅惊。
下马荒堤上，四顾但湖泓。
线路不容足，又与牛羊争。
归田虽贱辱，岂失泥中行。
寄语故山友，慎毋厌藜羹。

这首诗是开凿运盐河劳工辛苦劳作的真实写照。

大运河畔

“人如鸭与猪，投泥相溅惊”，只因“盐事星火急”，“谁能恤农耕”？面对这样的场景，苏东坡肯定心情很沉重，但官不由身，他又能怎样？心里的郁闷只能向亲人倾诉。

苏辙收到哥哥所作的《汤村开运盐河雨中督役》，当即和了一首诗：

和子瞻开汤村运盐河雨中督役

兴事常苦易，成事常苦难。
不督雨中役，安知民力殚。
年来上功勋，智者争雕钻。
山河不自保，疏凿非一端。
讥诃西门豹，仁智未得完。
方以勇自许，未恤众口叹。
天心闵劬劳，雨涕为泛澜。
不知泥滓中，更益手足寒。
谁谓邑中黔，鞭箠亦不宽。
王事未可回，后土何由干。

心意相通又手足情深的两兄弟，只能互相安慰：“不督雨中役，安知民力殚。”

孤山脚下东坡庵

苏东坡与欧阳修，一位是考生，一位是考官。考官看重考生的才情，日后提携考生，考生感恩于考官的拔擢之恩，两人结下了深厚的情意。

欧阳修从没有到过杭州，却与杭州有不解之缘。这段机缘与苏东坡有关。

宋神宗熙宁四年（1071年），苏东坡上书谈论新法的弊病被贬，出任杭州通判。苏东坡上任途中去颍州拜见恩师欧阳修，欧阳修介绍苏东坡去西湖孤山见惠勤法师，说此人诗情俱佳，值得交往。苏东坡到任杭州后第三天，即去孤山拜访惠勤，两人相见畅谈甚欢，成为密友。第二年，欧阳修去世，两人在孤山遥拜哭祭。宋哲宗元祐四年（1089年），苏东坡以龙图阁学士身份任杭州知州，再次到孤山拜访惠勤，而惠勤早已不在人世，只见到惠勤弟子二仲，在挂着惠勤与欧阳修画像的厅堂中，苏东坡感慨万分。二仲告诉苏东坡，附近有一眼泉水是前几个月突然流出的，像是刻意在欢迎苏东坡再次到杭州为官，二仲恳求苏轼写点文字记此事。苏东坡想了想，便用欧阳修（号六一居士）的名号，将此泉命名为“六一泉”。苏东坡和二仲还在“六一泉”旁边靠山建了一座亭子。

其实，现在很多杭州人不知道“六一泉”。六一泉在哪里？为什么叫“六一泉”？“六一泉”位于孤山脚下，距西泠印社不远，有一座不起眼的小亭子，倚靠着石壁，亭上有一块匾额“六一泉”，落款是“苏轼”，亭前有一眼泉。

孤山脚下“六一泉”

在建亭的同时，苏东坡欣然写下了《六一泉铭并序》：

六一泉铭 并序

欧阳文忠公将老，自谓六一居士。予昔通守钱塘，见公于汝阴而南。公曰："西湖僧惠勤甚文，而长于诗，吾昔为《山中乐》三章以赠之。子间于民事，求人于湖山间而不可得，则盍往从勤乎？"予到官三日，访勤于孤山之下，抵掌而论人物。曰："公，天人也。人见其暂寓人间，而不知其乘云驭风，历五岳而跨沧海也。此邦之人，以公不一来为恨。公麾斥八极，何所不至，虽江山之胜，莫适为主，而奇丽秀绝之气，常为能文者用，故吾以谓西湖盖公几案间一物耳。"勤语虽幻怪，而理有实然者。明年，公薨，予哭于勤舍。又十八年，予为钱塘守，则勤亦化去久矣。访其旧居，则弟子二仲在焉，画公与勤之像，事之如生。舍下旧无泉，予未至数月，泉出讲堂之后、孤山之趾，汪然溢流，甚白而甘。即其地，凿岩架石为室。二仲谓予："师闻公来，出泉以相劳苦，公可无言乎？"乃取勤旧语，推其本意，名之曰六一泉，且

铭之曰：

泉之出也，去公数千里，后公之没，十有八年，而名之曰六一，不几于诞乎？曰：君子之泽，岂独五世而已！盖得其人，则可至于百传。尝试与子登孤山而望吴越，歌山中之乐而饮此水，则公之遗风余烈，亦或见于斯泉也。

此文的大意为：“欧阳文忠公（欧阳修谥号文忠）晚年自号六一居士。我在熙宁四年（1071年），任职杭州通判的途中，去汝阴（颍州）拜访了欧阳公。欧阳公对我说：‘杭州西湖孤山僧人惠勤能文擅诗，我曾经以《山中乐》三章赠与他交流。你在公余，想寻找志同道合的文人雅士寄情于山水间，可以去找他。’

吴山之上城隍阁

“我上任三天后，就到孤山拜访了惠勤，相谈十分融洽。他说：‘欧阳公乃是天人。人们只见到他现在暂时居住在人间，而不知道他曾经驭风驾云，翱翔于五岳之上。杭州人都以欧阳公没有来过此处为憾事。其实欧阳公翱翔天际，什么地方没有去过？虽然各地多有胜境，但是不适合他常住，而各地的山川秀丽却常常进入欧阳公的文章之中。所以我说杭州的西湖，也只是欧阳公几案间的一个点缀之物。’惠勤的话虽然有点夸张，但很有道理，名山大川也可以借助文字神游。

“想不到在此之后一年，欧阳公仙逝了。因公务缠身，我只能在孤山寺与惠勤哭祭欧阳公。又过了十八年，我再次到钱塘（杭州）为官，可惜惠勤也已仙逝。拜访惠勤的旧居，看见惠勤的弟子二仲将欧阳公与惠勤的画像挂在堂上，供奉祭祀。这房舍的周围原本并没有泉水，我来之前的数月，泉水涌出于讲堂之后，水量充沛，泉水清澈。二仲就在泉水之处，凿石成了一个泉池。二仲对我说：‘我师惠勤听说您要来，特意涌出这眼泉水，以慰问你为官杭州一方，您能不能为此写点文字？’想起惠勤曾经对欧阳公的评说，推测惠勤本意，因而将此泉称为‘六一泉’，并作铭说：

“泉涌出之处，千里之外于欧阳公您所在的颍州，在您仙逝十八年之后，我将泉命名为‘六一’，会不会有点荒诞？君子对后世的影响不止于五世，智者的精神可以惠泽千秋万代。我想与欧阳公您的精神一起神游于孤山之上，俯视着吴越大地，赞美锦绣河山，饮用着这甘甜的泉水。您的君子之风或将久久体现在这甘甜的泉水之中。”

接着，苏东坡在“六一泉”边建了一间茅屋，取名东坡庵，时不时来住几天，缅怀欧阳修。师生情谊如此深厚，难得。只是不知何时东坡庵消失在岁月的长河之中。

孤山脚下的“六一泉”，就因苏东坡的《六一泉铭并序》而闻名于天下。后人多有诗词凭吊——

六一泉

［宋］董嗣杲

离别孤山十八年，
重来忽见讲堂泉。
当时同出师门下，
今日多伤井屋前。
取重欧公名有自，
肯教勤老迹空传。
此铭此意留千古，
凿石为庵不可眠。

此诗交代了欧阳修与苏东坡的关系，还有“六一泉”的来龙去脉。

孤山远眺

董嗣杲（生卒年不详），字明德，号静传，杭州（今属浙江）人，曾在南宋理宗、度宗朝为官，宋亡后入山为道士，著有《西湖百咏》等。

六一泉

[宋] 徐集孙

惠勤已蜕老欧仙，
物逐人非井便干。
不是坡翁重到此，
此泉安得到今寒。

此诗称赞苏东坡不忘师恩。

徐集孙（生卒年不详），字义夫，建安（今福建建瓯）人，南宋理宗时为官，著有《竹所吟稿》。

六一泉

[宋] 韩淲

不见六一翁，但见六一泉。
得泉以思翁，昔僧何其贤。

旨哉山中乐，合与苍崖镌。
后来坡仙铭，空以文字传。
山林已禁苑，复与道院连。
兰若纵莫存，此水尤泠然。
岁月诚易与，陵谷终变迁。
薰风拂湖水，晚日明湖烟。
回头叫林逋，醉倒孤山前。

此诗将林逋、欧阳修、苏东坡三位高洁之士相提并论。

韩淲（1159—1224年），字仲止，一作子仲，号涧泉，韩元吉之子，早年以父荫入仕，清廉狷介，后家居二十年，著有《涧泉集》等。

六一泉

［明］张羽

醉翁去已久，废寺泉流圃。
朝来春雨深，照见山鸡舞。

几百年之后，孤山寺已是“废寺”，“六一泉”仍然“泉流圃”，引得诗人感慨。

张羽（1333—1385年），元末明初人，字来仪，号静居，浔阳（今江西九江）人，后移居吴兴（今浙江湖州），与高启、杨基、徐贲称为“吴中四杰”，著有《静居集》。

欧阳修与苏东坡的师生关系还有一段趣闻。宋仁宗嘉祐二年（1057年），二十岁的苏东坡和弟弟苏辙随父亲苏洵进京赶考，那一年的主考官是五十岁的欧阳修。当时的考试制度规

六一亭内景

定阅卷前要将所有考生的名字遮盖掉，这叫“糊名”；有时甚至叫人把所有的文章重新抄写一遍后，才送考官阅卷。两种方法都是为了防止阅卷考官徇私。考官梅尧臣为这次的一个考生的卷子叫好，文章题为《刑赏忠厚之至论》，推为全场第一，欧阳修看了也很赞赏。欧阳修判断，这很有可能是他的得意弟子曾巩的卷子，严加评判后，把这份卷子定为第二名。这位在试论中名列第二的考生就是苏东坡。后来参加殿试，苏东坡、苏辙兄弟皆高中进士。

发榜后，按照古代的习俗，中榜的考生要给主考官写一封感谢信。苏东坡给欧阳修写了一份感谢信，欧阳修接到苏东坡的信后读得浑身出汗。欧阳修的儿子看到父亲突然身体不舒服，问要不要请大夫，欧阳修说自己没有生病，是读了苏东坡的信快意而流汗。欧阳修对儿子说：“三十年后再也无人谈论你父亲的文章，而人人都会读苏东坡的文章，吾当避此人出一头地。”意思是要帮助苏东坡得到超出一般人的地位。这也是“出人头地”典故的由来。爱才的欧阳修从此对苏东坡多有提携。

欧阳修晚年号六一居士。欧阳修自解：“家有藏书一万卷，金石遗文一千卷，琴一张，棋一局，酒一壶，一老翁，六一也。”

隔空对诗 林和靖

孤山的梅花，因为有了林和靖的梅妻鹤子而天下闻名，世间的咏梅诗也首推林和靖。

林逋（967—1028年），字君复，奉化大里黄贤村人，北宋著名隐逸诗人。幼时刻苦好学，通晓经史百家，性孤高自好，后隐居杭州西湖孤山，与西湖寺院高僧有交往。林和靖喜欢种梅养鹤，自谓“以梅为妻，以鹤为子”，宋仁宗赐谥“和靖”，后人便称其为林和靖，“林逋”之名倒淡出了。

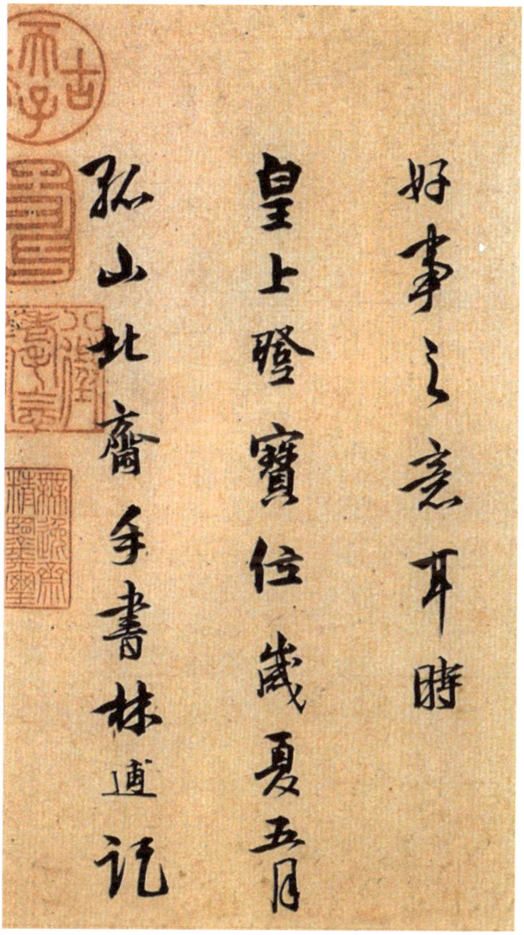

林和靖手书

林和靖的咏梅诗是孤山一绝，其中最有名的是《山园小梅》：

山园小梅

众芳摇落独暄妍，占尽风情向小园。
疏影横斜水清浅，暗香浮动月黄昏。
霜禽欲下先偷眼，粉蝶如知合断魂。
幸有微吟可相狎，不须檀板共金尊。

其实，林和靖的《山园小梅》有两首，且读另外一首：

山园小梅

剪绡零碎点酥干，向背稀稠画亦难。
日薄从甘春至晚，霜深应怯夜来寒。
澄鲜只共邻僧惜，冷落犹嫌俗客看。
忆着江南旧行路，酒旗斜拂堕吟鞍。

孤山放鹤亭

除此之外，林和靖还写过三首咏梅诗：

梅花

吟怀长恨负芳时，
为见梅花辄入诗。
雪后园林才半树，
水边篱落忽横枝。
人怜红艳多应俗，
天与清香似有私。
堪笑胡雏亦风味，
解将声调角中吹。

又二首

其一

几回山脚又江头，
绕着孤芳看不休。
一味清新无我爱，
十分孤静与伊愁。

任教月老须微见，
却为春寒得少留。
终共公言数来者，
海棠端的免包羞。

其二

小园烟景正凄迷，
阵阵寒香压麝脐。
池水倒窥疏影动，
屋檐斜入一枝低。
画工空向闲时看，
诗客休征故事题。
惭愧黄鹂与蝴蝶，
只知春色在桃溪。

细细品读，林和靖的后一首《山园小梅》和三首梅花诗，都有第一首《山园小梅》的影子，可见林和靖就喜欢那个幽冷的意境。

林和靖死后9年，宋仁宗景祐三年（1037年）苏东坡出生。52年后，宋哲宗元祐四年（1089年），苏东坡到杭州做知州，可能是在孤山，看到林和靖咏梅诗的手书，当即写下了《书和靖林处士诗后》，与林和靖隔空对诗。

这缘由还得从杭州西湖孤山说起。

熙宁四年（1071年）十二月，苏东坡被贬出京，授杭州通判。在颍州的欧阳修介绍苏东坡去拜访孤山的惠勤法师。苏东坡有诗纪事：

腊日游孤山访惠勤惠思二僧

天欲雪，云满湖，楼台明灭山有无。
水清出石鱼可数，林深无人鸟相呼。
腊日不归对妻孥，名寻道人实自娱。
道人之居在何许？宝云山前路盘纡。
孤山孤绝谁肯庐？道人有道山不孤。
纸窗竹屋深自暖，拥褐坐睡依团蒲。
天寒路远愁仆夫，整驾催归及未晡。

出山回望云木合，但见野鹘盘浮图。
兹游淡薄欢有余，到家恍如梦蘧蘧。
作诗火急追亡逋，清景一失后难摹。

此诗的大意为：“天空将降瑞雪，西湖布满了阴云，楼台与青山，若隐若现。山溪清澈见底，游鱼历历可数。树林里见不到人影，只有鸟儿在呼朋引伴。今天是腊八，我没回家陪伴妻儿，说是去寻访僧人，其实是为了自娱自乐。僧人的禅房哪里？走过弯弯曲曲的小道，在宝云山前。有谁愿意在冷僻的孤山上居住？只有道行高深的僧人，才能够与孤山相依。虽然只是装着纸窗的竹屋，仍然感觉那里暖和，我和惠勤、惠思坐在蒲团上相谈甚欢。天寒路远，仆夫催着我早点回家，告别时还未到黄昏日暮。出山回望远山景色，树木被烟云笼罩着，看见一只野鹘在佛塔上空盘旋。这次出游虽然轻车简从，但我很快乐。回到家中，我神思恍惚，好像是刚从梦中醒来，出游的过程历历在目。我急忙提笔写下这首诗以纪

事，唯恐稍有延迟，出游的情景会从脑海中消失，再也难以描摹。”

通过此诗生动的描述，我们可以感受到苏东坡欢快的心情。苏东坡很可能在杭州公余时间常常去孤山拜会惠勤，当然可能会流连于山水之间，也可能一同去林和靖的墓地凭吊，去探梅，去放鹤亭遐想，也许还会对景作诗。以苏东坡的性情，面对孤山及林和靖的旧物，不可能不作诗，只是不知为什么没有留下诗篇，这是个遗憾。不过，18年后，元祐四年（1089年）再到杭州为官的苏东坡为我们补上了在孤山时的遗憾，写下了《书和靖林处士诗后》，与林和靖隔空挥毫对诗。

书和靖林处士诗后

吴侬生长湖山曲，呼吸湖光饮山渌。
不论世外隐君子，佣儿贩妇皆冰玉。
先生可是绝俗人，神清骨冷无由俗。
我不识君曾梦见，瞳子了然光可烛。
遗篇妙字处处有，步绕西湖看不足。
诗如东野不言寒，书似留台差少肉。

平生高节已难继，将死微言犹可录。
自言不作封禅书，更肯悲吟白头曲。
我笑吴人不好事，好作祠堂傍修竹。
不然配食水仙王，一盏寒泉荐秋菊。

苏东坡自注：司马长卿欲娶富人女，文君作《白头吟》以诮之。先生临终诗云："茂陵他日求遗草，犹喜曾无封禅书。"

此诗的大意为："吴人生长在湖光山色中，到处都是绿水青山。居住在那里的隐士超然世外，女佣女贩也都看上去冰清玉洁。先生是隔绝凡尘的人，骨骼清冷，相貌脱俗。我生得晚，没有见过先生，却曾经在梦里相见，先生目光炯炯，犹如明烛可照人。先生在西湖遗留的诗篇和墨迹有很多，环绕着西湖走走随处可见。诗篇像孟郊（唐代诗人）之作，但没有苦寒味道；书法似李建中（北宋书法家）之作，笔力瘦削刚劲。先生的高风亮节后辈无人可及，临终遗言精辟，很值得记录下来。可是他自己说没有写过封禅书一类的文字，哪里还会留下叹老嗟悲的诗句。我笑江南人虽然不喜欢多事，却喜欢建造修竹映衬的祠堂。还是给先生的像配上水仙王，献上一盏寒泉一枝秋菊吧。"

苏东坡的《书和靖林处士诗后》对林和靖隐居的孤山对林和靖的人品和诗作、书法都极为推崇。

林和靖的书法和他的诗一样平和幽美，五首七言诗分别为《松扇》《孤山雪中》《孤山亭林》《送史》《春日》，署款“时皇上登宝位岁夏五月孤山北斋手书林逋记”，由此，我们知道林和靖手书诗卷作于宋仁宗天圣元年（1023年），那年林和靖57岁。

苏东坡的诗是题在林和靖手书五首七言诗后面的，两位大家的诗作和书法珠联璧合，世上罕见。

苏东坡书法作品《书和靖林处士诗后》
（故宫博物院馆藏）

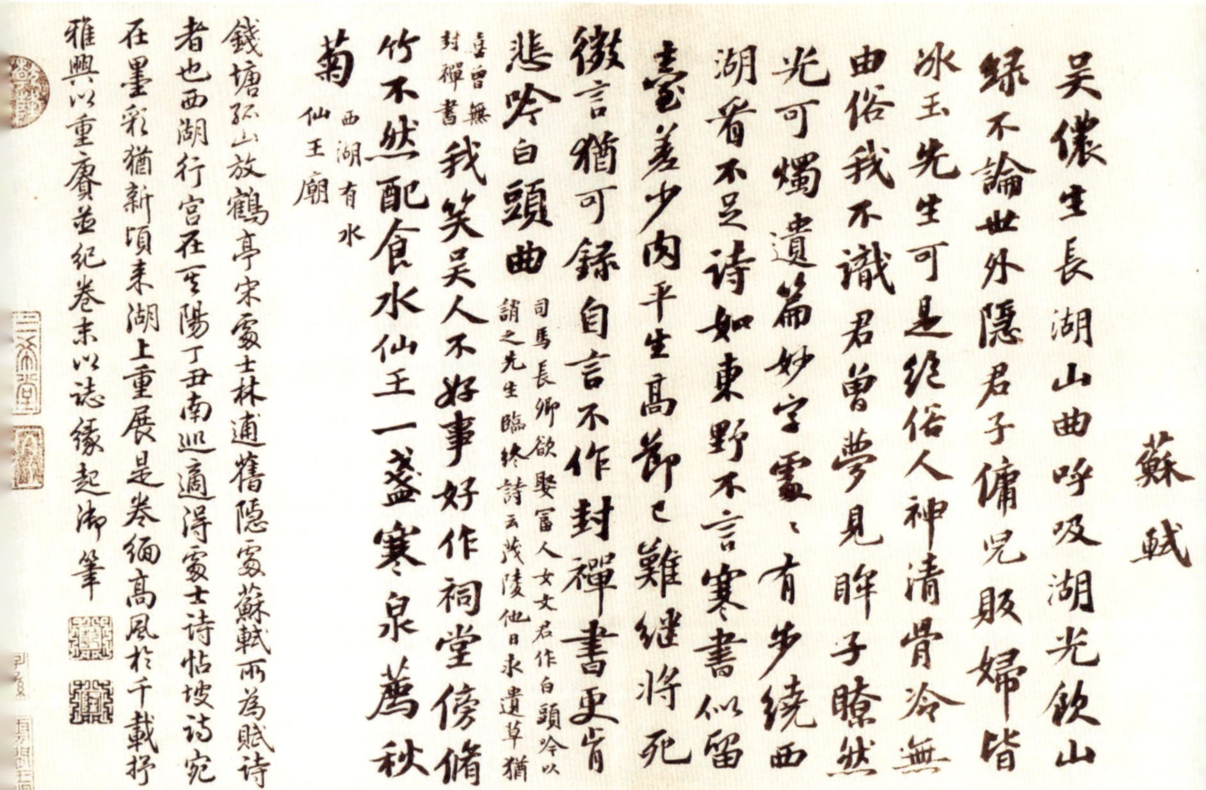

695年后，清乾隆四十九年（1784年），乾隆皇帝第六次南巡，在杭州西湖孤山行宫得到了林和靖与苏东坡的手书诗卷，欣赏之余在诗卷上写了题跋。乾隆皇帝还作诗《题林逋诗帖真迹用卷中苏轼书和靖林处士诗后韵》，这里就不引录了。

如今这件稀世珍宝藏于故宫博物院。

杭州西湖孤山，如今面积仅20公顷，山高仅38米，却是天下名山。真所谓“山不在高，有仙则名”，孤山的“仙”就是历代文化名人。本文所说的两位“仙人”——林和靖和苏东坡，他们虽然生活在不同的年代，却因孤山而“邂逅”。

十三楼里端午节

宋哲宗元祐五年（1090年），苏东坡在杭州做知州。端午节时，苏东坡与朋友在杭州“十三间楼”游赏，顺便写了一首词，描写他们游赏的情景，也包含了东坡先生的联想和感受。

作者自注：
词题一作“游赏”。

南歌子·杭州端午

山与歌眉敛，波同醉眼流。游人都上十三楼。不羡竹西歌吹、古扬州。

菰黍连昌歜，琼彝倒玉舟。谁家水调唱歌头。声绕碧山飞去、晚云留。

“十三楼”，是宋代杭州的一处名胜。“竹西”，即竹西亭，唐代扬州的名胜。据《舆地纪胜》记载，“扬州竹西亭在北门外五里”，该亭得名于杜牧的《题扬州禅智寺》：“谁知竹西路，歌吹是扬州。”“菰黍”，原指裹粽子的菰叶，这里指粽子。“昌歜”，指腌制的菖蒲根。“琼彝、玉舟”，都是玉制的酒器。

这首词的大意为：“青山如同歌女的眉毛那样，清澈的碧波就像醉酒人游离的眼光。游人都喜欢去十三楼赏玩，不再羡慕古扬州那个笙歌悠扬的竹西亭。吃着粽子和昌歜，喝着从玉壶里倒出来的美酒。是谁唱起了水调歌头？歌声环绕青山似乎要飞去，晚霞急忙过去将它留住。”

这首词，通过写物，点出了时令端午；写景不刻意，又有湖光山色之美；写人很随意，又含宴饮之乐；尤其是把景与人融合起来写，有人与自然融为一体的意境。

欣赏完这首词，有两点值得再探究一下：第一，十三楼在哪里？第二，宋代杭州人怎样过端午？

我们先来说说“十三楼”。

南宋周淙主持纂修的《乾道临安志》卷二中这样记载“十三间楼”：“去钱塘门二里许，苏轼治杭日，多治事于此。废。”

南宋《淳祐临安志》卷六也有记载“十三间楼”：“去钱塘门二里许，苏轼治杭日，多治事于此。今为相严院，在大佛头缆船石山后。”卷九：“诸石：秦王缆船石，在钱塘门外，昔秦始皇东游泛海，舣舟于此。陆羽《武林山记》云：‘自钱塘门至秦王缆船石，俗呼西石头。’北关僧思净刻大石佛于此。旧传西湖本通海，东至沙河塘，向南一岸皆大江也。故始皇缆舟于此。”

南宋周密撰写的《武林旧事》卷五“湖山胜概”中同样有类似的记载：十三间楼相严院，“旧名‘十三间楼石佛院’。东坡守杭日，每治事于此。有冠胜轩、雨亦奇轩”；大石佛院，“旧传为秦始皇缆船石。俗名‘西石头’。宣和中，僧思净就石镌成大佛半身。或云‘下通海眼’”。

梳理这三则记载，可以得出这些信息：

一是苏东坡词中的“十三楼”即“十三间楼”，省略一个“间”字可能是为了符合《南歌子》的句式。

大佛寺遗址

二是“苏轼治杭日，多治事于此”，苏东坡在杭州为官时经常去十三间楼。“治事”两个字有点费解，是否可以把“治事”理解为“处理公务”？而且“多”（经常）？莫非东坡先生习惯在风景宜人处处理公务？如此潇洒，很有可能。苏东坡的弟子秦观有一首诗《东坡守杭》，似乎就记叙了苏东坡处理公务的情形：

东坡守杭

十里荷花菡萏初，
我公所至有西湖。
欲将公事湖中了，
见说官闲事亦无。

“欲将公事湖中了”说的就是在西湖风景名胜区内或船上或亭中，苏东坡轻轻松松就处理完了公务。以此推断，苏东坡完全有可能经常在十三间楼处理公务。不过在哪里办公不重要，重要的是把公务处理好。

三是“十三间楼，去钱塘门二里许”，即十三间楼离钱塘门不远。具体位置在哪里？“十三间楼相严院旧名‘十三间楼石佛院’……大石佛院旧传为秦始皇缆船

石。俗名‘西石头’。宣和中，僧思净就石镌成大佛半身。或云：‘下通海眼。’”可知十三间楼在大石佛院内。“秦始皇缆船石”，即宝石山的“秦皇系缆石”。“大石佛院”即大佛禅寺，俗称大石佛院，以有大石佛而闻名，在宝石山南麓。后周显德三年（956年），吴越王钱弘俶始建此寺，时称妙行寺。宋宣和元年（1119年）寺毁。苏东坡在杭州写这首《南歌子》时，十三间楼应当还在妙行寺内或者附近。

而今，由北山路23号上行几十级石阶，在长满古树、枯藤、灌木、荒草的石谷中，有块巨石矗立其间，这就是当年的“秦皇系缆石”，又称“大佛头”，旁边有“杭州市级文保单位”的石碑。现有部分古建筑并有乾隆御诗碑等镶嵌在墙壁上。

这些都是后话了。

四是十三间楼不是单独一座楼，是个景区，里面“有冠胜轩、雨亦奇轩”等景点，很可能还有其他景点，所以才会“游人都上十三楼”，在苏东坡任杭州知州时这里游客众多。

五是“废”。指的是南宋时十三间楼这个景区已废弃或不存在了。

我们再来说说宋代杭州人怎样过端午。

《武林旧事》卷三“端午”中记载的以宫廷官宦为主：

先期学士院供帖子，如春日禁中排当，例用朔日，谓之“端一”。或传旧京亦然。插食盘架，设天师艾虎，意思山子数十座，五色蒲丝百草霜，以大合三层，饰以珠翠葵榴艾花。蜈蚣、蛇、蝎、蜥蜴等，谓之“毒虫”。及作糖霜韵果、糖蜜巧粽，极其精巧。又以大金瓶数十，遍插葵、榴、栀子花，环绕殿阁。及分赐后妃诸阁大珰近侍翠叶、五色葵榴、金丝翠扇、真珠百索、钗符、经筒、香囊、

大佛头石像

软香龙涎佩带，及紫练、白葛、红蕉之类。大臣贵邸，均被细葛、香罗、蒲丝、艾朵、彩团、巧粽之赐。而外邸节物，大率效尤焉。巧粽之品不一，至结为楼台舫辂。又以青罗作赤口白舌帖子，与艾人并悬门楣，以为禳桧。道宫法院，多送佩带符箓。而市人门首，各设大盆，杂植艾蒲葵花，上挂五色纸钱，排饤果粽。虽贫者亦然。湖中是日游舫亦盛，盖迤逦炎暑，宴游渐稀故也。俗以是日为马本命，凡御厩邸第上乘，悉用五彩为鬃尾之饰，奇鞯宝辔，充满道途，亦可观玩也。

《梦粱录》卷三“五月”中记载的侧重于民间百姓：

仲夏一日，禁中赐宰执以下公服罗衫。五日重午节，又曰“浴兰令节”，内司意思局以红纱彩金盝子，以菖蒲或通草雕刻天师驭虎像于中，四围以五色染菖蒲悬围于左右。又雕刻生百虫铺于上，却以葵、榴、艾叶、花朵簇拥。内更以百索彩线、细巧镂金花朵，及银样鼓儿、糖蜜韵果、巧粽、五色珠儿结成经筒符袋、御书葵榴画扇、艾虎、纱匹段，分赐诸阁分、宰执、亲王。兼之诸宫观亦以经筒、符袋、灵符、卷轴、巧粽、夏橘等送馈贵宦之家。

……

杭都风俗，自初一日至端午日，家家买桃、柳、葵、榴、蒲叶、伏道，又并市茭、粽、五色水团、时果、五色瘟纸，当门供养。自隔宿及五更，沿门唱卖声，满街不绝。以艾与百草缚成天师，悬于门额上，或悬虎头白泽。或士宦等家以生朱于午时书“五月五日天中节，赤口白舌尽消灭”之句。此日采百草或修制药品，以为辟瘟疾等用，藏之果有灵验。杭城人不论大小之家，焚烧午香一月，不知出何文典。其日正是葵榴斗艳，栀艾争香，角黍包金，菖蒲切玉，以酬佳景。不特富家巨室为然，虽贫乏之人，亦且对时行乐也。

上述两篇文章告诉我们，在宋代，端午是个重要的节日，节日期间的活动，既有祭祀的成分，也与驱邪防毒虫侵害有关，再有就是享乐了。

西湖断桥夏景

大佛半身像遗迹

“与艾人并悬门楣，以为禳禬”，禳禬指古代为消灾除病而举行的祭祀。“五日重午节，又曰‘浴兰令节’，内司意思局以红纱彩金盝子，以菖蒲或通草雕刻天师驭虎像于中，四围以五色染菖蒲悬围于左右。又雕刻生百虫铺于上，却以葵、榴、艾叶、花朵簇拥。”“以艾与百草缚成天师，悬于门额上，或悬虎头白泽。”“市人门首，各设大盆，杂植艾蒲葵花，上挂五色纸钱，排饤果粽。虽贫者亦然。”这说明，无论是宫廷还是民间，菖蒲、艾草作为驱邪防毒虫的用品，都被普遍采用。人们还在身上挂香袋等。过节当然还少不了吃，不但吃粽子，而且吃“五色水团、时果”等。

宋代，端午“其日正是葵榴斗艳，栀艾争香，角黍包金，菖蒲切玉，以酬佳景。不特富家巨室为然，虽贫乏之人，亦且对时行乐也”。

胸有成竹　论画竹

苏东坡喜欢竹子，对画竹有深入的研究。

宋哲宗元祐二年（1087年），苏东坡在晁补之那里看到一幅文同的墨竹图，此时文同已过世，他于感慨之中连写三首诗。

书晁补之所藏与可画竹三首

其一

与可画竹时，见竹不见人。
岂独不见人，嗒然遗其身。
其身与竹化，无穷出清新。
庄周世无有，谁知此疑神？

其二

若人今已无，此竹宁复有？
那将春蚓笔，画作风中柳？
君看断崖上，瘦节蛟蛇走。
何时此霜竿，复入江湖手！

其三

晁子拙生事，举家闻食粥。
朝来又绝倒，谀墓得霜竹。
可怜先生盘，朝日照苜蓿。
吾诗固云尔，可使食无肉。

第一首诗的大意为：“与可画竹的时候，他眼睛里只看见竹什么人都视而不见。不但对旁人视而不见，还完全忘记了自身。他已经与竹合为一体，变化无穷屡画屡新。我以为世间已经没有庄周，谁知道还有如此专注于事的人。”

第二首诗的大意为：“如果说现在已经没有如此专注于事的人，那么像他那样画的竹还会不会有？歪歪

云栖竹径

斜斜的笔画，像不像风中摇摆的柳枝？您看，它们又如同山崖上蜿蜒的蛟蛇。这些经霜的竿枝，什么时候再流入赏画人的手中？”

第三首诗的大意为：“晁补之不善于处置世事，听说贫困得全家喝粥。生活陷入困境，就像经霜的竹子得虚名。值得怜悯的晁先生家，院子里长满了牧草。我写这些诗也就说说罢了，难道真的可以食无肉？”

晁补之（1053—1110年），字无咎，号归来子，宋神宗元丰二年（1079年）进士，做过吏部员外郎、礼部郎中、济州知州等，书画诗词文章俱佳。晁补之叔父晁端彦是苏东坡同榜进士，为新城县令，早年晁补之随父亲去杭州拜见通判苏东坡，晁补之生性聪敏，深得苏东坡赏识，颇多交往，是“苏门四学士”（另有北宋诗人黄庭坚、秦观、张耒）之一。

文同（1018—1079年），字与可，自号石室先生，又号笑笑先生，梓州永泰县（今属四川绵阳）人，做过司封员外郎、秘阁校理、湖州知州等。文同以善画竹著称，独创深墨为面、淡墨为背之法写竹叶，为学者仿效，形成墨竹一派，称为湖州竹派，影响深远。文同是苏东坡的表兄，他与苏东坡关系密切，苏东坡很推崇他的才识。

宋神宗熙宁三年（1070年），苏东坡写过一篇《净因院画记》，文中对作画，以及画竹、文同画竹已经有过论述：

净因院画记

余尝论画，以为人禽宫室器用皆有常形。至于山石竹木，水波烟云，虽无常形，而有常理。常形之失，人皆知之。常理之不当，虽晓画者有不知。故凡可以欺世而取名者，必托于无常形者也。虽然，常形之失，止于所失，而不能病其全，若常理之不当，则举废之矣。以其形之无常，是以其理不可不谨也。世之工人，或能曲尽其形，而至于其理，非高人逸才不能辨。

与可之于竹石枯木，真可谓得其理者矣。如是而生，如是而死，如是而挛拳瘠蹙，如是而条达遂茂，根茎节叶，牙角脉缕，千变万化，未始相袭，而各当其处。合于天造，厌于人意。盖达士之所寓也欤？

昔岁尝画两丛竹于净因之方丈，其后出守陵阳而西也，余与之偕别长老臻师，又画两竹梢一枯木于其东斋。臻师方治四壁于法堂，而请于与可，与可既许之矣，故余并为记之。必有明于理而深观之者，然后知余言之不妄。

此文的大意为：“我曾经研究过作画，以为人、家禽、宫殿、居室、器物以及其他用品，都有常见的形态。至于山川岩石、竹子树木，水波烟云，虽没有常见的形态，但有其本质的东西。如果所画物体与常见的形态有差异，所有的人都可以看出来。如果所画物体与事物的本质不符，即使是看得懂画的人也有可能不知道。所以凡是以欺骗世人而取得名声的人，一定是依靠其画的不

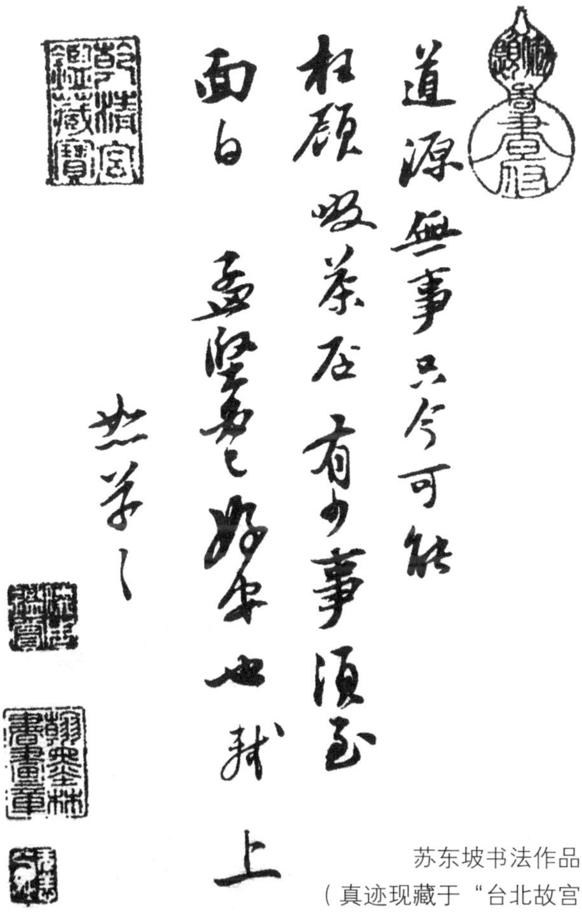

苏东坡书法作品《啜茶帖》
（真迹现藏于“台北故宫博物院”）

是事物所常见的形态。所以，若是所画物体有不符合常见之处，也只是部分而已，并不能说他整张画都失实。如果画作没有把握事物的本质，那么整幅画就画失败了。因为画的不是常见的形态，所以要将把握事物本质作为作画的基础。世上的画工，能画出事物千变万化的形态，但把握事物本质，除了高人、有才干的人，其他人都没有能力分辨。

“与可所画的青竹、岩石、荒芜的树木，真可以说是掌握了事物的本质。有的生动，有的衰败，有的弯曲、紧缩，有的通畅。枝根、细茎、枝节、叶片，其中的纹路、凸起，看上去千变万化，却都存在于这些景物应该存在的地方，呈现出应该呈现的样子。形象自然且符合事物的天性，又能满足人的意愿。大概是明智达理之士所喜爱的吧！

“曾经画两丛竹子送给净因院方丈，方丈后来将要从陵阳西行，我同方丈一起告别长老，又画了两个竹子的尖梢和一棵枯败的树木，挂在他的东斋房。后来方丈在布置说佛法的屋子时，请文与可来作画，与可答应了，我就为他写了此文。必定是要有明知事物本质而深刻观察的人，才知道我说的话不是妄言。”

关于画竹，还有个成语“胸有成竹”，来自苏东坡“论画竹”。苏东坡在《文与可画筼筜谷偃竹记》一文中对文同的画竹论进行了概述："故画竹必先得成竹于胸中，执笔熟视，乃见其所欲画者，急起从之，振笔直遂，以追其所见，如兔起鹘落，少纵则逝矣。"

这段话的意思是：画竹时，一定要心里先有完整的竹子，拿着笔凝视画纸，仿佛看到了自己心里想要画的竹子。这时快速地跟着自己的所想去画，去捕捉心中看到的形象，就像兔子刚蹿起来，鹘就猛扑下去抓捕，稍有一点放松就错过了。

远眺湖心

后记

为白苏两位杭州“市长”结对成书

司马一民

2022年1月浙江教育出版社出版了我的《白居易：与君约略说杭州》一书，纪念白居易任杭州“市长”1200年。此前出版社筹备了新书发布会、读者分享会等多项活动，均因疫情反复而未能如期举办。尽管如此，此书仍然十分畅销，这说明读者是欢迎此类传统文化普及读本的。

于是，有朋友鼓动说，何不再出一本苏东坡，为白苏两位杭州“市长”结对成书。

苏东坡曾说：“予去杭十六年而复来，留二年而去，平日自觉出处老少粗似乐天，虽才名相远，而安分寡求亦庶几焉。”这段话的意思是说，苏东坡自认为在杭州的经历和心境，与白居易有颇多相似之处，并倾慕白居易的才名，亦学其为政处事之高明，也就是见贤思齐。事实确实如此。

白居易、苏东坡，都曾造福杭州，同为历代杭州人景仰和爱戴的先贤，如果能为他们“结对”出书，会是一件特别有意思的事。我与浙江教育出版社的领导和编辑谈了这个想法，她们一致赞成，并说她们也有过类似的想法，现在由我提出来，恰好。

我曾经写过许多篇文章，解读苏东坡写于杭州和离开杭州后写到杭州的诗词，挖掘这些诗词背后的杭州故事。这些文章与写白居易的诗词解读文章风格相似、写法相同，几年来陆续刊发于多种媒体，有些还被网络转载过多次，传播甚广。现在，我把这些散发的文章重新修订，并配上我辗转于杭州各地拍摄的与苏东坡诗词相关的景点图片，以此成书，作为《白居易：与君约略说杭州》的续编，取书名为《苏东坡：前生我已到杭州》。

感谢浙江教育出版社的领导和编辑对此书的欣赏和重视，还有她们为此书编排、校勘和美化付出的辛劳！感谢凌雁老师精心挑选配图，感谢我家年轻读者的认可与鼓励！

我作为一个杭州人，能够出版《白居易：与君约略说杭州》和《苏东坡：前生我已到杭州》，真的是足慰平生！

2022年11月28日

图书在版编目（CIP）数据

苏东坡 : 前生我已到杭州 / 司马一民著. -- 杭州 : 浙江教育出版社, 2023.1
ISBN 978-7-5722-5197-9

Ⅰ. ①苏… Ⅱ. ①司… Ⅲ. ①苏轼（1036-1101）－生平事迹②苏轼（1036-1101）－宋词－诗词研究 Ⅳ. ①K825.6②I207.23

中国国家版本馆CIP数据核字(2023)第015536号

苏东坡：前生我已到杭州
SU DONGPO QIANSHENG WO YI DAO HANGZHOU
司马一民　著

策　　划	蒋　婷　邢　洁	责任编辑	齐郑艳
美术编辑	曾国兴	责任校对	朱雅婷　樊　滨
责任印务	刘　建	封面设计	米家文化

出版发行　浙江教育出版社
（杭州市天目山路40号　电话：0571-85170300-81023）
图文制作　杭州米家文化创意有限公司
印　　刷　浙江新华印刷技术有限公司
开　　本　710mm×1000mm　1/16
印　　张　11.5
字　　数　200千字
版　　次　2023年1月第1版
印　　次　2023年1月第1次印刷
标准书号　ISBN 978-7-5722-5197-9
定　　价　78.00元